老いても健康であるために

坂井靖子

はじめに

何かにつけて、色々なタイプの人がいます。自分ではこれが当り前であり、お節介をしているつもりがないのに、他人から見るとお節介に見えてしまうタイプの人もいます。

もしやしたら、私はそんなタイプに属するのかも知れません。その証拠に私は、今こうしてペンを執り出しました。

いつの間にか迎えてしまった、八十一年の人生、その歩みの中で体験したことや、思い掛けない成巧例を、多くの方にお知らせしたくなりました。それが少しでもお役に立てたなら、お節介のし甲斐があったことになります。

自己満足に過ぎないかも知れませんが。

真っ先にお知らせしたいことがあります。長年に渡って苦しんでいた便秘症が、あることが切っ掛けで改善したことです。私にとっては夢のような嬉しい出来事でした。

何かの機会に実体験の数々をお知らせしたい、と以前から思っていました。私の心身に関して、思いの丈を記してみたいと思います。

いざ老いてしまうと、アッという間に老いを迎えたと思いがちですが、あんなことも、こんなことも、そして、山あり谷ありの人生であったことに思い至ります。やはり長い道のりでした。

私が老い先のことを考え始めたのは、五十歳になってからでした。漠然とした願望を抱き始めました。――死を迎える直前まで、自分の手料理を口にして、元気で過ごしたい。それには丈夫な足腰でいなければなりません。今から鍛えようと思いました。

夫の影響で即実行型の人間になっていた私は、思い立ったら吉日とばかりに、毎日、歩くことにしました。

爽快感を味わえるウォーキングが、習慣になると、心身共に元気でいられそうな気がして、毎日が楽しくなってきました。そして、時間が許せば、何処までも歩きたい、と思うようになりました。その思いは、老いた今になっても続いています。

歩くことへの基盤は、子供時代に培われたものと信じています。学校まで約四キロの道のりを歩いていました。

大人になっても、歩くことへの抵抗感がなく、楽しめる身体になっていたのでは、と思えてきます。

幼い時には、学校の近くに住む同級生を、とても羨ましく思っていましたが、今となっては、あの遥か遠い道のりに、感謝をしたい気持ちになります。

まだ若い五十歳の時から、歩く習慣を身に付けておいて本当に良かった、と思ったことがありました。

当時、十歳年上の方と毎朝、一緒にウォーキングをする約束をしました。しかし、その方は数日で挫折してしまいました。

また、二人の姉たちにも、元気で歩く習慣を身に付けてほしい、と思ったものでしたが、すでに足や膝に負担を掛けられない状態になっていました。

老いてしまってから、歩く習慣を身に付けることの難しさを痛感させられました。出来るだけ若い時から老いを意識して、歩く習慣を生活に取り入れてほしい、と思うこの頃です。

老後、どんなにお金持ちでも、元気で歩けなければ、生活の質が損なわれてしまい残念なことです。楽しい老後を送るための第一条件は、まず自分の足で歩けることだと思います。


私は今、パートで働いています。まさか七十歳を過ぎてから、社会に出て働くとは思ってもみないことでした。少し前でしたら考えられないことでした。今は社会に受け入れ体制が出来てきて、とてもラッキーでした。

私は、老いても雇って頂けたことに感謝をしながら、短時間ではありますが、一生懸命、働いています。

多くの方が、老いても職場があり、元気で働けたなら、高齢化現象を嘆かずに、喜べる社会になるでしょう。


高齢化社会まっただなかに生きる身となり、いかに元気で年を重ねられるかが、課題だと改めて思うようになりました。

そして、これから老いを迎える若い方々も将来、元気で過ごせますよう。私の思い掛けない実体験の数々が、少しでもお役に立ちますよう願って、ペンを進めたいと思います。

『老いても健康であるために』　目次

老いても健康であるために

❀便秘症――四十年間、下剤服用

「薬を手放せた喜び」

人生には、思い掛けない転機が訪れるものです。

ある日、都内在住の二歳離れた姉が、いつもの軽い調子で「元気？」と電話を掛けてきました。その時ちょうど腰の辺が、張ったような痛みが少しあったので、「腰がちょっと……」と伝えました。すると、姉はすかさず、「近所の奥さんが、腰が痛いことが切っ掛けで、子宮癌が見付かり、助かったんだから、直ぐに婦人科へ行った方がいいよ」と。

人一倍、心配症の私は、すっかり癌になってしまった気持ちを抱いて、明くる日、自転車を飛ばして、二十分の所にある、大きな病院の婦人科へ参りました。

検査の結果、癌ではなかったのですが、血液の検査から、念のために、腸の検査をするよう勧められました。

その時の私は、次は大腸癌になってしまった心配をしつつ、腸の検査を積極的に受けたいと思っていました。

それは、何年か前に大腸癌の検査の様子をテレビで観ていたからでした。内視鏡検査の前には、腸の中を空にしてから行われると知った私は、癌ではなくても一度、腸を空にしてから便秘症を治したい。という願望がありました。

それに関しては、何の知識もありませんでしたが、勝手な思い込みがありました。便秘症との闘いのスタートは、腸を空にしたゼロからの出発をしたなら、成功するのではないかと思い描いていたのでした。同時に自分に誓いを立てていました。これを機会に、下剤の服用を止めよう、と。

その検査は、今から十六年前の平成二十年八月、六十六歳の時でした。癌が見つかるのでは、という不安と、前向きな気持ちが交錯していました。

日帰り入院の形を取って、検査のための準備が始まりました。いよいよ私が望んでいた大腸内の〝大掃除〟からでした。そのためには、時間を掛けてですが、腸管洗浄液・二リットルもの量を飲まなければなりませんでした。その間に何度とトイレに駆け込み、完全に腸を空っぽにしました。

私の場合は、頑固な便秘症だっただけに、予定より時間が掛かったようでした。

検査台に上がるのは、恥ずかしい気持ちでしたが、覚悟して「どうにでもしてください」と開き直りの心境で臨みました。

私は若い、いつの頃からか、歯の治療の痛みや注射の痛みに堪える術として、開き直ることで堪えてきました。痛みに対して、自分から身を投げ出した方が、覚悟が出来て、ビクビクせずに、気持ちが落ち付くことを悟った結果でした。

検査の始まりから、私はずっと目を閉じていました。すると、医師が「目を開けて見てくたさい。きれいですよ」とテレビの画面のように映った画像を見せてくれました。

姉からの電話に始まり、それからの数日間は、もしやして子宮癌？　大腸癌？　と心配していただけに、本当に嬉しくてホッとした瞬間でした。生涯忘れないであろう一時でした。

そして、その日を境にして、下剤には絶対に手を出さない日がスタートしました。

その時点では、市販薬と病院から頂いた下剤が沢山、残っていました。それは、いかに突然の大腸癌検査だったかを物語っている証拠品のようなものでした。

私は二十代半ばから、市販薬の下剤に頼っていました。高齢になって、かかりつけの病院を決めてからは、病院から下剤を頂いていました。そして、毎晩、下剤を服用するのが当り前の生活をしていました。通算すると約四十年間になります。

その掛かり付けの医師に、初めて診て頂いたのは、確か風邪をひいた時でした。その時に医師は、「薬は出来るだけ服用しない方が良い」とおっしゃいました。

当時、世間では「医師が数種の薬を多量に出し過ぎる」と問題視されていましたので、この医師の言葉は以外でした。そして、信頼できる医師だと思い、生涯お世話になりたいと思いました。

下剤をお願いするようになって、何度目かの時でした。その医師が、心に深く刺さる言葉を投げ掛けてきました。

「下剤に頼っていると、歳を取ってから、お腹に力が入らなくなって困りますよ」と。

そのような知識などなかった私は、その言葉は、とても重たく大いに反省し、考えさせられました。そして、脳裏には、ある映像が浮んできました。それは、介護職員に、スプーンで食べさせて貰っている高齢者の姿でした。やがて私もそうなるかも知れない、食べさせて貰うだけでなく、もしやしたら、下の世話まで頼るかも知れない。その時に便秘症であったなら、介護職員に余計なご苦労を掛けてしまうかも知れない。

　今の内に治しておきたい、と真剣に思うようになりました。


　亡き夫は、何事においても即実行型のタイプで感心していました。その内に、似たもの夫婦という言葉どおりに、私も真似をするようになっていました。そこで、即、始めたことは、便秘を治す手段として、何を食べたら排便に効果があるかを探ることでした。

　毎日、三食、献立名とその食材を漏らさず記入することにしました。同時に排便の時間や、見た目での大体の量を記入しました。

　それは、毎日、下剤を服用していながらのことでした。約一年間、続けました。しかし、私のお腹（腸）は、何とも気まぐれでした。効果があったと思われた料理を、また作って食べてみても効果があったりなかったりで、自分の記録に振り回された一年間でした。

　効果のほどを強いて挙げれば、医師の勧めてくれた煮野菜でした。

　私はもともと生野菜より煮野菜の方が好きですから、我が家の冷蔵庫には何らかの煮野菜を常備しています。中でも年中、手に入るキャベツをよく煮ています。醤油味や中華風味付け、時にはカレー味だったり。また彩りと栄養の点から人参や青菜、きのこ類も入れています。この一品があると、主菜に添えればメーンの一皿が出来るので重宝しています。

大腸の内視鏡検査を受けたのは、一年間の記録に空しさを感じていた頃でした。いよいよ、下剤とさようならする日が到来しました。結果がどう出るか、とにかく強い意志を持って臨みました。

約十日間は、全然、排便の無い日、あっても少量の日が続きました。脳裏には、チラチラと下剤が浮んできて、まるで、下剤と駆け引きしているかのようでした。とにかく、ぎりぎりまで試すことにしました。

私は長年の経験や他人を見てきて、何事においても、「頑張る者には、必ず神様が付いている」と信じてきました。

その私に、神様が現れてくれたのは、約十日間の頑張り、辛抱があってのことでした。

神様は約四十年振りに、正常な形をした立派な姿で現れてくれました。

下剤を服用していた間は、いつも五分粥のような、形の無いものでした。それでは、どの程度の量かもはっきりしませんでした。

テレビを観ていると、よくバナナのような、と表現されますが、私には無縁の形でした。それが、こうして正常なバナナの形を、自分のお腹（腸）が〝製造〟してくれたと思うと、何ものにも例えようのない喜びでした。

私は長年に渡り、その〝製造器〟に悪い油（下剤）を差し続け、〝製造器〟の働きを狂わせていたのでした。

私の体験・お試しは、自分の思い付きからの発想で始めたことでしたが、大成巧でした。

その後も、きちんとしたバナナの形で、毎日、時には次の日に確実に現れてくれるのが当り前になりました。

そこで、しみじみと考えてしまいました。下剤に頼っていた、あの四十年間は、一体、何だったのでしょう。

よく、下剤を服用すると、お腹が痛くなる、と耳にしていましたが、私は一度もその経験はありませんでした。多分、余程の便秘症だったのだと思います。身体への痛みは無く助かっていました。ですが、心を痛めたことは数え切れませんでした。

独身時代に恥をかいた場面が、今でもはっきりと浮んできます。私は夜間に、日本画の先生の所で指導を受けていました。その時でした、一対一の静寂な中、私のお腹が活動を始めました。

空腹の時に鳴る音とは違った、表現し難い復雑な音が数秒間、続きました。

今の歳でしたら、「下剤を服用してますので……」と言い訳するところですが、二十代中頃には、ただ恥ずかしい、と思う気持ちだけで、説明が出来ないまま時間が経過し、気まずさが増すばかりでした。

あの時の先生は、どう思ったのでしょう。いつも指導の途中で、菓子とお茶をご馳走してくださいましたが、あの時の先生は、特別な思いでご馳走してくださったのかも知れません。

また、恥ずかしい思いを、必ずする場所がありました。それは、公衆トイレでした。下剤を服用していると、時、場所を選ばずに突然、急にトイレに駆け込むことになります。

それだけなら、下剤に頼る自分のせいなので、仕方がないと思いますが、それに伴ない付きまとう悩みがありました。それは、絶対に自分の意志では止められない、排便時の音でした。急激に破裂するような音は、他の個室、全体に響き渡っていたに違いありません。

用が済んでも、トイレから出るのを、しばしためらうことになります。周囲の様子を窺ってから出るようにしていました。

他にも出先で困ることが沢山ありました。急に襲ってきた便意のために、旅行先で連れの皆を待たせてしまったり。ひとりで実家へ行く時には、電車の乗り継ぎの間にトイレに駆け込み、その間に電車が発車してしまい、一時間も無駄に過ごしたこともありました。

自宅に居ても、忘れられない思い出があります。それは、居間とトイレが近い住まいに住んでいた時のことでした。

夫の友人が暫く振りに訪ねて参りました。話しが弾んで、いつお暇するか分かりませんでした。予測不能の状況の中、調整がままならない、気まぐれな下剤が、活発に効き始めて、トイレ行きを命じてきました。

絶対に自宅のトイレには入れない、と思った私は、「ちょっとお使いに……」と家を出ました。そして、大急ぎで、近くのスーパーへ駆け込みました。

そんな私でしたから、次の住まい選びは、居間とトイレの位置を、まず最初に確認していました。今は一安心の住まいです。


他にも、嫌だったトイレに関する記憶が、色々と思い出されます。

それでも、どうしても手離せなかった下剤でした。私は頑固な便秘症の体質なのだから仕方がない、と自分で勝手に決め付けて、たいした努力もせずに薬に頼っていました。


下剤を手放すことが出来て、初めて思ったことがあります。

『私は長年、便秘症という名の下に、堂々と薬に頼って生きてきた。だが、本当は便秘症なるものは存在していなかった。それなのに自分の怠慢から生み出し、勝手に便秘症と名付けて長年生きてきた。何と愚か者だったか』

約四十年間の薬代を考えてみても、なんと勿体ない生き方をしてきたかと、今になって思いますが、当時は必要不可欠なものですから、不可欠な食料品を手に入れる感覚でした。そして、買い溜めをして安心感を得ていました。

これらの愚かな体験と成巧例を、今、便秘症と思い込み悩んでおられる方々にお伝えしたくて、恥を捨ててありのままを記すことにしました。

体質によっては、お役に立たない例かも知れませんが。

今は下剤を頼らないお陰で、トイレの心配を全くすることなく、何処へでも安心して出掛けられます。何より嬉しいのは、パートの仕事中にトイレへ駆け込まずに済んでいることです。本当に、本当に有り難いことです。

医師のお言葉を切っ掛けにして、薬を頼らずに便秘症を治さなければならない、と思うようになり、姉からの電話が行動を起こす切っ掛けをつくってくれました。

いずれも他人の言葉を真剣に受け止めた結果でした。これからも、老い先のことを考えより一層、他人の言葉に耳を傾け、有り難く受け止められる人間でありたい、と思っています。

✿認知症の心配

「自から受けたい認知症検査」

私は最近、もしやして認知症の始まりでは、と気になってきたことがあります。判断力の底下、物忘れ、勘違い、漢字が思い出せない、などが挙げられます。仕事に就いている以上は、職場に迷惑を掛けるようなことは、あってはなりませんので、注意をされる前に自分から進んで、認知症の検査を受けてみよう、と思うようになりました。それに、私には、もう一つ気になることがありました。

私は、疲れを感じたことのない自分の身体に対し、凝問を抱いて久しいのです。他人に話すと、羨ましい、とよく言われますが、私としては、本当は疲れているのに、脳（神経）の働きが鈍くなっていて、感じないだけなのでは、と心配してしまうのです。

若い時ならまだしも、八十一歳という歳にして、五時間、一時も休まず働いても、二時間ほど歩き通しても、疲れを知らないのが不思議でならないのです。

以前に、病的に痛みを感じない人が存在することを、テレビで知りました。そんなことがあって、私は病的に疲れを感じないのでは、と思ったりもしていました。その答えも得たいので、大きい病院の脳外科へ参りました。

私は上がり症で、思っていることを話せずに終ってしまった経験から、何科で診て頂く時でも、病状や質問事項を箇条書きにして持参しています。今回も心配事の数々を書き出して持参しました。

診察前に問診表への記入がありますので、重複することもありますが、スムーズに記入出来ますし、細かいことは箇条書きで見て頂けるので助かります。

名を呼ばれて診察室へ入ると、医師は文を読ませて頂きました、と言って、多くを語らなくても、直ぐに分かって頂けました。

まず、認知症の検査をしてくださいました。今日は何日ですか、から暗算での引き算や、医師の言葉（三つの物の名）を記憶しておき、後に答えることや、数種の品物を見せて記憶させてから、後にその品物の名を答える、といったものでした。

私は、その一品の名が思い出せずに、三十点満点で二十九点でしたが、合格点とのことでした。一安心しましたが、本当に認知症に罹っていたなら、と思うと、難しい問題に感じたかも知れません。特に引き算は、脳内を数字が駆け巡り、とても焦りました。以前に同じようなテストを受けた方の話を聞いてはいましたが、受けてみて改めて、良く出来た問題だと感じました。

次に、疲れを感じない心配事に関しては、「結構なことじゃないですか」と、マスク顔の奥に笑顔を感じられる言い方をしてくださいましたが、私は食い下がるように、「神経の何処かが鈍くなって感じないのでは……」と、文に書いたとおりのことを申し上げました。すると「ＭＲＩ」を受けてみますか」と。私は「そのつもりで参りました」と、嬉しい気持ちで答えました。

急なことでしたので、後日になるかと思っていましたが、運良くその日の内に受けることが出来ました。

結果の説明は、医師の都合で二週間後になりました。待ち遠しい気持ちでその日を待ちました。

結果説明は、何の時でも緊張するものです。その日も緊張ぎみに診察室へ入りました。

好感の持てる男性医師は、画像を示し、丁寧に説明してくださいました。とは言っても、見慣れない画像の見方など、よく解からず、質問すら出来ない分野ですので、頷くことしか出来ませんでしたが、「異状は見られません。血管も大丈夫、問題ありません」と嬉しいお言葉を頂きました。

その後に私は、質問してみたい、と思っていたことを口にしました。「もし今、私が認知症の始まりでしたら、どう対処して頂けますか」と。すると、「少しでも認知症の症状を遅らせるための、薬を服用して頂きます。今はそれぐらいしか出来ません」と。

それは、十年ぐらい前から、それとなく耳に入っていたことでした。

何年、何十年の歳月が流れても、完治薬が望めない認知症、いかに厄介な病であるかが頷けます。意に反して、年齢と共に忍び寄る認知症に対し、予防に成り得ることを、責極的に取り入れ、実行しようと改めて思いました。

この今回の経験から、思い至ったことがあります。

親やきょうだいに向って、認知症の検査をすすめても、「そんなはずがない」と言い張られてしまい、強引に連れて行くことも出来ずに、とても難しい問題である、と身内やテレビ等を通して聞いています。

そうであるならば、社会全体の問題として捉え、意識改革があって然るべきだと思います。

認知症は誰もが罹り得る病として、癌のように早期発見が重要なのだと、若い内から自覚していたなら、自ずと、誰かに言われる前に、自分から進んで受診することでしょう。

もっとも受診し易いのは、定期健康診断の時ではないかと思います。

健康診断の項目の中に、認知症も組み込まれていたなら、抵抗なく受けられ、本人も家族も助かるはずです。

それによって、車の運転の止め時を考えるチャンスにもなり、高齢者による運転事故の減少に繋がることでしょう。

❀目の不思議——知らずに過ぎた近視

「目のために緑黄色野菜を」

以前の私は、目に関して不思議に思っていたことがありました。私は六十歳になってから、二か所の眼科医院で診て頂いたことがあります。

二度とも軽い目のトラブルでした。その頃の私は、二人の姉たちが、とっくに老眼鏡を掛けていたので、私もいつ必要になるのか気になっていました。

一度目に近所の眼科医院で診て頂いたのは、目の充血が気になった時でした。私はその場で、医師に問われた訳でもないのに、「まだ針穴に糸を通せます」と言ってみました。すると、「多分、近視であったことを、知らずに通り越してきたのでは……」と。思いも掛けないことをおっしゃいました。とても驚きました。そして、それまでの人生に於て、近視用の眼鏡を掛けずに済んできて、本当に良かったと思いました。

それから少しして、目の乾きが気になり、大きい眼科専門の病院で診て頂きました。

その時はドライアイと診断されました。

その場で、私は前医師の言葉を思い出し、確認してみたくなりました。そこで同じことを「まだ針穴に糸が通せます」を言ってみました。すると、その医師も、前医師とまったく同じことを口にされました。

二人の医師に、同じことを言われたので、間違いないと思うようになりました。

そして、何の知識もない私は、こんな不思議なことがあるのだ、と思うと同時に、何とラッキーなのでしょうと、目には見えない誰か（神様）に感謝をしたくなりました。

眼鏡を必要とする家族や、周囲の方を見ていると、眼鏡は有り難いものですが、何かに付けて不便そうに見えてしまいます。

それだけに、私は出来るだけ長く裸眼でいたい、と願って生きてきました。願いが叶えられた思いでした。

私は以前に、何かのテレビ番組で、目のためには「魚の目玉を食べると良い」と耳にしたことがありました。

それは、眼科医師の言葉だったのか、誰の言葉だったのかは、途中から観たので定かではありませんでした。それだけに、私は事実かどうか確認したいと思っていました。魚の目玉は、私の好物ですから、はっきり知っておきたい心境でした。

それ以来、機会を見て医師に尋ねてみようと思っていました。

今は別の医院でお世話になっていますが、いつも患者が多く、多忙な医師に余計な質問をしづらく、伸び伸びになっていました。

ある日、ドライアイ用の目薬を頂きに来院した折りに、いつもより患者が少なかったので、思い切って尋ねてみました。

「テレビで、目には魚の目玉を食べると良いと聞きましたが、そうでしょうか」

すると、医師は、すかさず「緑黄色野菜を食べてください」とおっしゃいました。

「それでは、魚の目玉は……」と言いたい所でしたが、私は直ぐに退席しました。

魚の目玉のお話しは、宙に浮いてしまった感じでした。私は栄養に関する書をめくってみることにしました。

すると、魚の目玉だけを取り挙げたページはありませんでした。しかし、肉や魚から得られるコラーゲンは、皮膚、骨、目の老化を防ぐ、と載っていました。

また、目に関してのページには、コラーゲンは、水晶体や角膜にも存在しているので、コラーゲンの摂取は、老眼や眼精疲労の改善、老人性白内障の予防にも役立つと載っていました。

私はこんな風に考えてみました。

「わざわざ魚の目玉だけを、くり抜いて売ってはいないので、目玉の付いた煮魚用の切り身や、切り落しの目玉付きのアラを、積極的に料理に取り入れることで、コラーゲンを摂取し、その御負けとして好物の目玉を味わえば、きっと目に良いはず。信じて食べ続けよう」と。

また、こんなことも考えてしまいました。

「魚の目玉が確実に目に良い、と全世界に広まっていたなら、漁業はどうなっていたでしょう。大きな目玉を持った魚たちが乱獲されたり、漁船が領海を無視して侵入し、大きな問題になったり。

家庭にあっては、食卓に毎日のように魚の目玉が〝登場〟し、人間を睨み付けていたり」

何でもブームが訪れると、店から品物が直ぐに売り切れてしまいます。今後、魚の目玉の存在はどうなるのでしょう。私は心の中で、静かなブームを願っています。

医師がおっしゃった緑黄色野菜を、私は毎日、欠かさず摂取しています。もしやすると、そのお陰があって裸眼でいられるのでしょうか。

私の食事作りは、当たり前のことですが、第一に栄養のこと、次に彩りを考えます。すると、おのずと緑黄色野菜を取り入れることになります。食卓に料理を盛った時、白い皿に緑や赤、黄の野菜を目にすると、見た目の美しさにプラスして、栄養のバランスも感じられます。そして、農家で育った私は、自然と感謝の念を抱いて食しています。

理想的な食事を語る時、決まって栄養のバランスが大事と言われますが、それは、老いてから急に注意するものではなく、若い頃から心掛け、継続してこそ老いても元気で過ごせるのでしょう。

✿口唇ヘルペス

「健康のバロメーター」

まず、口唇ヘルペスとは、どんなものかを、薬に付いてきた、小冊子から抜粋させて頂きます。

『口唇ヘルペスは、単純ヘルペスウィルスの感染症によって引き起こされる。唇やその周りに痛みを伴う水疱（水ぶくれ）ができる病気です。単純ヘルペスウィルスは、一度感染すると、症状がなくなった後も神経細胞に住みつく特徴をもっています。

そして発熱、疲労、ストレス、月経、紫外線などで、体の抵抗力が落ちるとウイルスが活発化し、再発を繰り返す特徴があります。何度も再発を操り返す人では、その症状から再発の初期の段階で分かるといわれています』

この説明のとおりに、私はごく初期の段階（小さい赤い点状のものが、いつの間にか現れる）で分かり、とても残念な気持ちでお出迎えすることになります。約十日間は居座る厄介な客を迎えてしまった心境になります。

自分の意志では、どうにもならないのですから、薬に頼ってただただ一日も早い退散を願うばかりなのです。

今回、七十六歳での口唇ヘルペスは、今までで一番、早い初期の段階で気付きました。その甲斐あって、直ぐに薬に頼ることが出来て、軽く済んで驚きました。ホッとしました。だが、今回は何が原因か、気付くのが遅れてしまいました。いつもでしたら、はっきりと体調の悪化が原因と分かるものでしたが、思い当たるものがありませんでした。

身体は、いつもどおり元気で、パートでの疲労感もなく、食事も普通に美味しく摂れていました。また、睡眠も取れていました。

私はどうしても原因を突き止めておきたいので、もう一度、小冊子に目を通してみました。すると、原因の一つであるストレスに目が止まりました。これだ、と確信しました。

他人の発した言葉が、意に反していたので私はとてもショックを受けていたのです。

今、思うと、そんなに真剣に受け取り、悩むことはなかったのでは、と思えるのですが、その時は、自分がどうあるべきか、毎日、頭から離れずに考えていました。

その答えは、今までの私らしく「無理は禁物、そういう場には足を踏み入れないこと」

と決めたのです。そう決めたら、サバサバした心境になれました。

老いるということは、目には見えないちょっとしたストレスをも、病の一因と捉えて生きなければならないのだ、と口唇ヘルペスに教えられました。

それまでは、ストレスが原因で病になったと耳にしても、本当の所はどうなのか、別に原因があったのでは、と半信半疑の捉え方をしていました。だが、自分の経験があって、信じざるを得なくなりました。


今回の前、六十八歳での口唇ヘルペスは、夫の死後、間もない頃でした。

病院で付き添っていたので、睡眠不足の日が続いて心身共に疲れていました。

無我夢中の日々で、口唇ヘルペスの症状に気付くのが遅れてしまいました。気付いた時には、部位が赤く腫れて、他人が見ても分かる状態でした。完治には日にちを要しました。

その前に経験した口唇ヘルペスは、還暦祝いを兼ねた同級会後のことでした。

郷里に近いホテルにて、一泊での催しでした。数十年振りに四十数名が集合したのですから、とても賑やかで楽しい一時でした。ご馳走も沢山、並んでいたようですが、私は本当の一口、口に運んだだけで終ってしまったのでした。

嬉しいことに、次々に会話の相手が側に現れて、食事に有り付けなかったのです。ホテルの従業員は、首を傾げながら、全皿を片付けたことでしょう。申し訳ない気持ちでした。

その時の私は、夕食を摂れなかった以外にも、悪いことが重なりました。いつもは直ぐに寝付けて熟睡するのに、その夜は一睡も出来なかったのです。珍しいことでした。沢山の思い出話しに、新たな情報が加わり私の脳内は、きっと飽和状態だったのです。考え過ぎの性格からすると、眠れなくて当然だったのかも知れません。

それでも明くる日の朝は、心身共に普通の状態で朝食の席に着いていました。夕食を摂っていなかった分、意識してしっかりと、きれいに完食していました。だが、口唇ヘルペスは、その同級会から帰って間もなく、不摂生を戒めるかのように現れました。

偶然にも同級会の席で、こんな会話をしていました。「靖子さんは、よく唇に紫色の薬を塗っていた」と。当の私は忘れていましたが、そう言われてみれば……で、紫色の唇が嫌だったことを思い出しました。

父が町の薬屋から手に入れたことは確かですが、果してヘルペスなどという病名も耳にすることがなかった時代に、その薬が本当に効いたのでしょうか。ちょっと考えてしまいました。

母の唇にも、今、思うとヘルペスらしきものが、出来ていたのを記憶しているので、私は何らかの形で、母から感染したのではないかと思っています。

人体は何とうまく出来ているのでしょう。目には見えない場所に、普段はひっそりと、誰にも気付かれずに、ウイルスは何年も住み続けて、まるで赤信号のように現れ、危険を知らせてくれるのですから、嫌と思う前に、感謝をして迎えるべきなのかも知れません。

次回のヘルペスは、どんな場面で現れるのか、予測は不可能なだけに、常日頃の生活の有り様が、いかに大事であるか、だと思います。

生きている限りは、ウイルスの存在を意識して、心身共に健康でありたいものです。

❀汗疹《あせも》と手荒れにさようなら

「豆乳のお陰かも……」

私は若い時から夏になると「あせも」に悩まされていました。主に首回りと腕の内側でした。母もそうでしたから、母に似て体質なので仕方がない、と諦めてきました。一日中、冷房の効いた部屋で過ごせば、簡単に解消することですが、私は夏なのに戸を締め切って、冷房の効いた部屋での生活は、好きではありません。それは多分、開放された自然の中で育った影響があるのかも知れません。とにかく、夏は戸を開け放して暮らしたいのです。

頼るのは、外からの風と扇風機の風で良しとしています。風の通るマンションの八階に住んでいる利点もあります。

そのような訳で、冷房の使用は極力抑えています。ある程度の汗は覚悟して、それに伴う「あせも」と向き合ってきました。時にはシッカロール（汗しらず）を塗布して対処していました。

それが近年、いつもの夏と違う自分に気付きました。不思議なことに、いつの間にか、「あせも」が出来ない肌になっていたのです。

何事に関しても、直ぐに何故か、と追究したくなる私は、まず食事を考えてみました。すると、豆乳が頭をよぎりました。以前に読だことのある、豆乳に関する書を思い出したのです。

豆乳の効果を挙げたページをめくると、「お肌だってきれいになる」と題して、こう書かれていました。

『大豆イソフラボンには、抗酸化作用があり、体内の活性酸素を抑えることで、若々しい細胞を保つ。肌の美白作用、保湿力を向上させる』と。

私は豆乳を飲み始めて十三年になります。それは思い掛けないことから自己流で作ったのが始まりでした。その切っ掛けは、東日本大震災でした。その当時、千葉県に住む、七歳離れた姉と、こんな会話をしていました。

電話をくれた姉が、「震災の影響で、スーパーに行ったら、品物が売り切れて、豆乳すらなかった」と、嘆いていました。私は咄嗟に「自分で作れるんじゃない」と答えたのです。

今、思うと不思議なことです。私は豆乳の出始めに、一度、飲んでみたのですが、余り美味しいとは思えなかったので、それ以来、口にすることもなく、無関心の飲みものでした。当然、作り方など考えてもみませんでした。それなのに、まるで、口から出まかせのように言ってしまったのです。

口に出してしまったからには、実行しないではいられない私は、直ぐに下準備に取り掛かりました。いつも常備している大豆を、水に浸して一晩おきました。

明くる日、ふっくらと水分を含んだ大豆を、つけ汁ごとミキサーに掛けました。初めてのことなので、途中で何度と粉砕の加減を確認していると、ミキサーの電動機に当たる部分が、普段ジュースを作る時には感じることがなかったのに、高温になっていることに気付きました。それは、大豆は固いので時間が掛かった結果だと思います。怖がりの私は、直ぐに機械を止めました。

希望どおりの滑らかさではなかったが、それを平鍋に入れて火に掛けました。濃度があり焦げ易く、吹きこぼれ易いので、中火にして付きっきりで木ベラで掻き混ぜて、沸騰したら出来上りです。

普通の豆乳でしたら、漉して飲み易い濃度にするのでしょうが、漉さずにそのままにしました。

私はその後も、ちょっと面倒ですが身体のために、私流の豆乳作りを続けることにしました。それには、まず心配だった電動機部分の高温の解消を試みました。当然、冷やすことを考えました。

そこで思い付いたのが、一晩、大豆を水に浸し冷蔵庫で冷やすことにしました。冷たい状態でミキサーに掛けてみたのです。結果は成功しました。

最初、作り始めが三月でしたので、冷蔵庫に入れる必要がありませんでした。どちらにせよ、夏は腐敗しやすいので当然、冷蔵庫を頼ることになります。

私流の豆乳の利点は、漉さないので大豆、丸ごとの栄養が摂れることです。飲むのではなく、食べる状態ですから、私は牛乳で割って飲み易くしています。

他にも利点はあります。水で薄めないのでかさ張らずに冷蔵庫で保存しやすく、日持ちがします。

また、豆乳として飲むだけではなく、料理にも取り入れています。みそ汁に入れて呉汁にしたり、ハンバーグの時に挽肉に混ぜたり、時には、シチューやカレーの濃度の調節に、と便利な食材になっています。

最初は何の目的もなく、ただ「作れるんじゃない」と言ってしまったことから始まりました。それが、こうして毎日、飲む習慣になるとは、思いもよらないことでした。その結果、いつの間にか「あせも」が出来ない体質になっていたことになります。これは、あくまでも私だけの推論かも知れません。きちんとした立証実験をした訳ではありませんので。でも、私はそれ以外、考えられませんので、そう信じています。

それでは、豆乳の利き目が、飲み始めてから、何年後に現れたのかになりますが、それを尋ねられると、はっきり答えられないのが残念です。元々、「あせも」を治したくて飲み始めた訳ではありませんので、「あせも」への意識は全然なかったことになります。

でも、糸口を辿る〝もの〟がありました。私は夏になると、「ああ、またこの季節が」と嘆きながら、踏み台に乗って、高い棚からシッカロールの缶を取り出していました。それが、ここ数年、多分9、10年は取り出していないので、飲み始めてから2、3年後に効き目が現れたことになります。

「あせも」は当然、夏のこと。だが、冬にも良いことがあったことに気付きました。

寒い季節、冬の到来を真っ先に感じて知らせてくれるのが指先でした。必ず指先が「ひび」割れして、水仕事の度に痛みとなって知らせてくれました。若い頃ほどひどく、水仕事が苦痛でした。今は便利なカットバン（絆創膏）があって重宝していますが、昔はロール状の絆創膏をカットして、「ひび」割れに巻き付けていました。両手の指が絆創膏だらけで、人前に手を出すのが嫌でたまりませんでした。

それが、この所ほとんど「ひび」割れがしなくなりました。暖かい季節と同じ手（指先）で、すべすべしています。本当に不思議なぐらいです。いつもの冬でしたら、手を合わせると、ガサガサ音がしていました。ストッキングなど、素手では履けずに、必ず手袋をして履いていました。

今は、別人のような手になれて、嬉しくてたまりません。

これも、豆乳の効果だと、私は信じています。感謝の気持ちを込めて、「豆乳様さま」と言いたくなります。

私は長い間、「あせも」と「ひび」割れは、どちらも母から受け継いだ、体質と思って諦め、仕方なしに向き合っきました。それが、豆乳を通して、食べもので体質改善が出来ることを、私は、身を持って知ることが出来ました。

昔は、大豆は畑の肉と言われて、蛋白質源としての知識ぐらいしかありませんでした。近年は、沢山の書物やテレビなどで、大豆の優れた栄養効果を知る機会が増えました。書物によりますと、大豆の成分の一つである「イソフラボン」は、女性ホルモンと同じ働きがあることや、更年期の症状を改善してくれることなど、女性には特に摂取することを勧められています。

私はこれから先も豆乳を手作りして、飲み続けるつもりです。時には、手作りが面倒に思ったり、冷蔵庫が満杯の時には、無理をしてまで作らずに、「黄な粉」を常備して置き「黄な粉入り牛乳」にすることもあります。同じ大豆成品でありながら、全く違った味わいで、それぞれに美味しいのが嬉しいです。

これらの文章は、数年を掛けて思い付いたことを、少しずつ記して参りました。この章は、令和五年の猛暑前に記しましたので、書き足さなければならなくなりました。

連日、三十度を越す暑さで、さすがの私も熱風に根負けし、クーラーを頼る日々が続きました。しかし、冷房に慣れていない私の身体は、冷え過ぎが気になって、小まめに温度を調節し、二十八度〜二十九度にしていました。

いつもの夏でしたら、ワンピース型の部屋着だけでしたが、この夏は脚の冷えが気になって、スラックスを組み合せて遣り過ごしました。

令和五年の夏は、クーラーの有り難さを痛感しました。そしてまた、声高に節電の要請もなく、心穏やかに過ごせました。まさに感謝の日々でした。

❀コラーゲンの摂取はアラ汁で

三年前、私は数か月間、市販のコラーゲンを摂取していました。毎朝、きちんと量をスプーンで計り、牛乳に混ぜて口にしていました。

だが、ある朝、フッと疑問を抱きました。「決して美味しい、とは思えないものを、コマーシャルに釣られて、肌に良いからといって続けるなんて……値段も結構するものなのに。どうせなら、口にして美味しい、と思えるものの方が得だし、長続きするのでは」と考えたのです。

そこで直ぐに思い付いたのが、好物のアラ汁でした。その原点は、子供の時に口にした鯉汁にあるような気がします。そう度々ではありませんでしたが、海から遠い地方に育ちましたので、池の鯉や川のドジョウが、何よりのご馳走でした。

今の私は、スーパーの魚売り場で、真っ先に向う先はアラの置いてある棚です。

アラの中でも一番の好物は鯛ですが、取り分け艶やかな大きな目玉に引き付けられます。とろりとした食感、美味しさは、「幸せ」とさえ思わせてくれます。

鯛のアラが売り切れの時には、ちょっと残念ですが、私は好き嫌いがありませんので、違った魚のアラでも、売り場に残ってあるだけでも嬉しく、買い求めています。時間帯によっては、何のアラも手に入らない時がありますので、アラを手にするとルンルン気分で帰宅し、真っ先に湯を沸かします。

大き目の鍋にアラを入れ、熱湯を注ぎ魚の臭みを取りますが、ついでに熱湯ではがれ易くなった鱗を手で取り除きます。その後、水洗いし、たっぷりの水、適量の酒、少量の塩を入れ火に掛けます。

青魚のアラであれば、生姜の薄切りを入れます。そして、中火でじっくり煮込みます。

私はいつも長時間、煮込むような料理は、手間、暇を考慮して一度に沢山、作り置きしています。アラ汁の時も同様です。

たっぷりの水でアラを煮込みますが、仕上げた時に水分量が多いと、保存にかさ張るので水分を蒸発させて、「濃い出し汁」と捉えて作ります。冷蔵庫で四、五日は保存しています。

それを冷蔵庫から取り出して見ると、ゼラチン質が固まっていて、プリプリのゼリー状になっています。いかにも身体、肌に良さそう、と思わせてくれます。

味気無い市販の粉末状のコラーゲンとは、見た目からも比べものになりません。

私は飽きもせずに、毎日のようにアラ汁を作っています。適量の「濃い出し汁」を取り分けて水で薄め、野菜、豆腐、ワカメなど冷蔵庫にある物を入れて、味噌仕立てにしています。料理によっては、塩味や醤油味にします。寒い日には粕汁にすることもあります。


アラに関して、忘れられない思い出があります。

二十年も前のことになります。

我が家に夫の兄夫婦が泊った時のことです。私はいそいそと手料理を作り、食卓を飾りました。その中の一つに、私の好物であるブリ大根がありました。その時は、お客様にアラだけのブリは失礼かと思い、ブリの切り身も混ぜて作りました。

大皿に盛られた、そのブリ大根を目にした義姉が、思い出したように語り始めました。

「娘の家へ行ったら、アラを使った料理が出てきたので、お金に困っているのでは、と心配になりました」と。

アラ好きの私にとっては、ちょっぴりショックでした。そして、そういう見方もあって当然か、とも思いました。現に安いのですから。でも、私は心から思っています。もし、食べず嫌いであったなら、何と勿体ない、一度はお試しあれ！　と。

❀足が熱くて眠れない時

「逆転の発想」

六十五歳頃の夏のことでした。いつも直ぐに寝付ける私が、足が熱く感じて、どうしても寝付けない日が続きました。

足を触ってみると、特別に熱い訳でもないのが、不思議でなりませんでした。

私はいつも趣味の時間に追われて、床に着くのは深夜になっていました。それだけに、少しでも早く寝付きたくて、ひんやりする物を求めて、布団の近くにあるタンスに足を押し付けてみたり、大きい花瓶や丈夫なガラスの器を足元に置いて、足を載せてみたりと、試してみました。だが、ほんの一時の効果で寝付けるものではありませんでした。

その何とかしたい、と思う気持ちが、余計に眠気を覚まし、イライラしつつ閃いたのは、逆転の発想でした。

〝そうだ、冷やすのではなく、温めてみよう〟と、自分に言い聞かすようにして、試すことにしました。それは簡単なこと、靴下を履いて寝ることでした。即、実行して床に着きました。すると、不思議なことに、熱く感じることなく、直ぐに寝付けたのです。

嘘のような驚きの結果でした。まるで、荒療治が成功したか、の心境でした。

それからは、毎日、必ず靴下を履いて寝るのが習慣になりました。冬は冬で、冷えを感じることなく眠れますし、朝、起床した後に足の冷たさを感じることなく済みます。以前は、起床すると真っ先に靴下を履いていました。

寝る時に履く靴下は、足首を締め付けないゆったりタイプを選びます。靴下の色を気にすることはありませんが、外出の時にはスラックスや靴の色に合わせたいので、色を選び履くことになります。横着者の私は、履き替えるのが面倒なので、寝ていた時に履いていた靴下の上に、外出用の靴下を重ねて履くことにしました。

その結果、思い掛けないメリットに気付きました。夕方ウォーキングに出て、歩きだすと、それまで感じることのなかった、心地良い感触が伝わってきました。それは多分、ちょうど良いフィット感からでしょうか。私はルンルン気分で歩きながら、少し昔(五十代)に靴下を二足、履いて歩いたことを思い出していました。それは、「かち歩き大会」

に参加した時のことでした。

長時間、歩く時の備えとして、靴下を二足、履くと良いことを、テレビ番組から学んでいました。そのお陰があって、無事に完歩、出来ましたのに、その後も二足を履いて歩こうとは考えが及びませんでした。今になって思うと、何故と、自分に問いたくなります。

それは、靴下は一足、履くのが普通、という固定観念に捕らわれていたからだと思えてきました。

❀睡眠不足の恐怖

「信じられない言動」

私が睡眠不足の恐怖を初めて味わったのは、六十八歳の時でした。それは、入院生活を送っていた夫に、死が近付いている最中のことでした。

医師の配慮で、四日間、泊り込みで一日中夫の側に居ることが出来ました。

一日の睡眠時間は、断続的で合計三、四時間でした。四日間の合計を単純計算すると、十二時間から十六時間になります。それでも気が張っていたせいか、睡魔に襲われることもありませんでした。それだけに、寝不足の割には、平気でいられるものだ、ぐらいに思っていました。

だが、睡眠不足の恐怖は、思わぬ言動となって表れました。夫の臨終に、息子が買って来てくれた弁当を、側を離れて平気で食べていたのです。普通では考えられない行動をとっていたのです。

夫の病室から少し離れたデイコーナーで食べていました。ちょうど食べ終った時でした。廊下から看護師に早口で名を呼ばれました。

夫は、まるで息子と私が食べ終わるのを待っていてくれたかのように、駆け付けて間もなく息を引き取りました。

多分、夫は何という家族か、と恥じていたことでしょう。私が恥じと感じたのは、それから五日後のことでした。

息子との会話では、

「あの時、お母さんが食べちゃおうって言ったんだよ」

と聞かされ愕然としてしまいました。何も覚えていなく、食べた記憶しかありませんでした。当然、恥ずべき行動の認識もありませんでした。

それから日が経つにつれて、睡眠不足の恐怖を、あれこれと考えさせられました。睡眠がいかに大切であり、睡眠不足はいかに悪であるかを、身を持って知ったことは、貴重な体験として捉えておきたいと思いました。

睡眠不足は、思考力や判断力を奪う、目には見えない〝悪魔〟のような、と表現したくなりました。

その〝悪魔〟は、正常な魂を奪い別人のような行動を、いとも簡単にさせてしまうのですから、本当に恐ろしいことです。

もしやすると、死の世界へと導く〝悪魔〟がいるかも知れません。

決して睡眠を侮ってはいけない、としみじみ思いました。

❀不思議な体験

「病は気からを実感」

マンション住いの我が家に、輪番制の理事の役が回ってきました。初めての会合に出席した時のことでした。

席に着くと、出席者名の欄に記名するよう、用紙が回ってきました。私は直ぐに書き始めたのですが、どうした訳か、手が思うように動かなくなってしまいました。

「あれ？　どうしたのかな、おかしい、早く書いて次の方へ渡さないといけないのに、どうしよう、どうしよう」と、とても焦りました。パニック状態になりながら、やっと坂井の文字を書いたのですが、誰も読めないような、乱れた小さな文字でした。次に下の名前を書こうとしたのですが、短かい縦線を書くはずが、長く一本引いてしまいました。もう、どうしようもなく、断念してしまいました。

隣の席の方に代筆して頂き、先へ進めました。

その時の私は、いつものように、健康には自信がありました。手が勝手に震えていた訳でもありませんでした。とにかく、手の自由を完全に奪われてしまったのです。本当に不思議な体験をしました。

約一時間の会議が終って、帰宅すると直ぐに、自分の名前を書いてみました。普通にスムーズに書くことが出来ました。

あの不思議な体験は、どうして起きたのか、私なりに考えてみました。

私は上がり症なので、初めての会合で上がっていたことは確かでした。でも、今まで、冠婚葬祭などで、人前での記帳は、下手な文字になっても、普通に書くことが出来ました。

では何故か、深く自分の心を見詰め直してみました。まるで〝心理学者〟のように。

順を追って考えてみました。

私は理事会の通知が届いた時に「嫌だな、でも仕方がないな、夫がいてくれたらな」などと思いながら、気が重くなるばかりでした。

その通知を忘れないように、冷蔵庫の扉に貼っておきました。それを日に何度と目にしては、ストレスを感じていました。約半月ぐらいのことでした。

そして、理事会の当日を迎えました。そのストレスは最高潮に達してしまったのだ、と考えられます。そのストレスが脳の働きに影響し、手にうまく指令が届かず、心身のバランスが乱れてしまったのでは？　と、偽の〝心理学者〟は仮説を立ててみました。


私はこの経験から、よく耳にする言葉「病は気から」「ストレスから癌になる」は現実味を帯びて、成る程と頷けるようになりました。

山で遭難した方が、命の危険にさらされた時「生きるんだ」と強い心を持って、念じ続けて、助かった話を聞いたことがありますが、精神力や心の持ちようが、いかに大事かを体験者から学ぶことが出来ます。

また、あるテレビ番組では、イライラすると「自律神経が乱れる」「血液の流れが悪くなる」と、ある医師が語っていました。

日々、穏やかに暮らすことが、健康に繋がるのだ、としみじみ思い知らされた今回の体験でした。

次回からの理事会には、楽しみの心を持って臨むつもりです。第一に、出席をしてみて私が思っていた程に、大変なことは何もなかったのですから。

むしろ、学びや気付きがありました。マンションで平穏に暮らして居られるのは、理事の皆様のお陰だと、改めて知ることが出来ました。

常に感謝の心を持って暮らしたい、と思うようになりました。

❀体調を整えて参加すべし

「四十三キロ・徒歩の経験」

毎日ウォーキングをしていた私が、テレビのニュース番組で、四十三キロを歩く「かち歩き大会」を知ったのは、五十歳の時でした。

大勢の人が歩いている姿が映っていました。私は家事の手を休め、釘付けで観ていました。そして、私も参加したい、と強く思いました。

明くる年に申し込み、ちょうど五十回目の記念すべき大会に参加することが出来ました。

走るのではなく、歩くのですから、私は軽い気持ちで参加しました。普段のウォーキングの延長ぐらいにしか考えずに、靴も靴下もいつもどおりのものでした。

その大会には、三つの規則がありました。「飲まない」「食べない」「走らない」でした。「飲まない」ということは、今日では考えられない規則だったと思います。当時は何の疑問も抱かずに、三つの規則をきちんと守って無事に完歩しました。時季が三月であったことが幸いしたのでしょう。水分が欲しいとも思わずに、ただモクモクと先を目指して歩いていました。空腹も感じた記憶がありません。ただ、無心で歩いていたような気がします。

そんな中、一つ思い掛けないことがありました。いつの間に現れたのか、突然マイクを向けられて、インタビューをされました。確か、こんな会話でした。

「どんな目的で参加されましたか」

「痩せようと思いまして」

「最後まで歩く自信はありますか」

「ハイ、あります」

後日、知人の話では、ＮＨＫの昼のニュース番組で放送されたそうです。その頃の私は、約半分の距離を残していました。

新宿を午前八時半に出発し、ゴールの青梅に到着したのは、午後四時半でした。ちょうど八時間かかりました。四四〇四人中、一一九一位でした。

何位であろうと、達成感の喜びで心は弾けんばかりでした。一つの宝物を得た思いも抱いていました。長い人生の中に貴重な一ページを添えることが出来ました。

しかし、心と裏腹に、私の足裏が悲鳴を上げていました。途中から、違和感を覚えていたのですが、予想以上に大きい豆が出来ていました。豆が、もう済んだのだから、いいでしょ、とばかりに少しずつ痛みが増してきていました。帰途、駅から自宅まで十分足らずの距離を歩けそうになく、夫に迎えに来て貰いました。夫は座布団、持参で自転車を飛ばして来てくれました。私は、思い掛けない座布団の、夫らしい気遣いに胸が熱くなりました。三十年が経った今でも、思い出すと変らぬ感情が湧いてきます。

私は次の年も大会に参加しました。その時には、あるテレビ番組から、歩く時の注意点を学んでいました。それを基にして備えることが出来ました。

まず、靴のサイズを大きいものにしました。テレビ番組では、普段より一センチ大きいものを、と言っていましたが、私は身長に似合わず足が大きいので、格好を考えて五ミリ大きいものにしました。

靴下は、テレビ番組どおりに、二足、重ねて履いて参加しました。

その効果は嬉しいものでした。豆が出来ずに、時間を大巾に短縮することが出来ました。三十七分の短縮で、二九四七人中、四七四位でした。

この二度の大会では、足への備えの大切さを学びましたが、同時に、身体に関しても貴重な体験をしていました。

一回目に参加した時のことでした。それなりの備えがいかに大切であるかを、身をもって知らされたのです。

私が参加したいと思った一番の理由は、飲まず、食わずで一日、歩いたなら、手っ取り早く痩せられるはず、と考えたからでした。それに、四十三キロもの長い距離を、完歩、出来るか試したい思いもありました。

その結果は、完歩は成功したものの、第一の目的は大失敗に終わりました。

こんなことが待ち受けていました。夕方近くに、無事ゴールし、直ぐに菓子パンと飲みものを配られました。その美味しさは格別でした。嬉しい有り難いものでした。

その後、電車での帰宅となりました。日曜日とあって、行楽帰りの乗客で混み合っていました。私は立ちどおしでした。少しして、軽い咳が何度か出ました。その時には、まさか風邪の咳とは思ってもみませんでした。

明くる日になると、はっきりとした風邪の症状が出てしまいました。とてもショックでした。「痩せようと思って歩いたのに、これでは逆に太ってしまうじゃない」と思い残念でなりませんでした。

何故なら、私は風邪を引くと、早く治したい一心から、いつも「しっかり食べて、しっかり睡眠を取って治す」と決めて、実行していました。しかし、それは太ってしまうことですから、風邪は強敵なのです。

風邪の原因は、誰でもが知るところでしょう。一日中、飲まず、食わずで八時間も歩いた身体で、満員電車に乗車したのですから、風邪のウイルスが体力消耗の身体を、真っ先に狙って飛び付いたのでしょう。

私は貴重な体験をしたことに気付きました。何かを成すには、それなりの準備が大切であることを、学んだのでした。

次の年、二度目の参加は、自分の身体を試したい思いがあって臨みました。

自己流、自己判断でしたが、十日前から食事に気を付けて、体力作りに入りました。もっと早くからが理想なのかも知れませんが、私はちょっと油断すると、直ぐに太ってしまう厄介な身体ですから、常に肥満との闘いを意識しています。そんなことから、いつもより余分にカロリーをアップすることは、極力、避けたいのです。

裏を返せば、私は肥満体のお陰で、健康を保てているのかも知れません。もしスマートな体型であったなら、好物のチョコレートや甘い物を沢山、食べてしまって、健康を害していたかも知れません。

その当時は、昼食はひとりでしたので、簡単に済ませていました。まず、それを見直すことにしました。

主婦としての私は、「料理は家族のために作るもの、自分のためには作りたくない」の考えを、改めることにしました。「昼食は自分のために作るもの」として、自分の好きなものを作ることにしました。

真っ先に閃いた料理がありました。家族には喜ばれないが、私の好物、アラ汁でした。昼食は、いつもアラ汁にして、野菜も一緒に煮て、最後に卵を落し入れ、卵は必ず摂ることにしました。

その他には、夕食の時に、余分に作り置きした肉料理などもプラスして、蛋白質を多く摂るよう心掛けました。

朝食と夕食は、家族のために手を抜かずに作っていましたので、特別気を付けることはなく、いつもどおりバランスの取れた食事をしていたはず、と思っています。

いよいよ大会に参加する日を迎えました。体調はバッチリ、と自分に言い聞かせて、自信を持って臨むことにしました。

結果は何事もなく、上々でした。いかに体調管理が大切であるかを、身をもって証明することが出来ました。

一回目では、体重の減量に失敗しましたが、二回目では、二キロほど減量したはずでしたが、直ぐに元に戻ってしまいました。

減量は地道な努力があってこそ、と気付かされました。

いずれにせよ、参加することに意義のあるものとなりました。

❀若い時からの習慣の大切さ

「老いても階段が苦にならない」

三十歳代の私は、団地住まいでした。エレベーターの無い四階に住んでいました。

私は当初から階段を運動の場と捉えて、駆け上っていました。引っ越すまでの約十年間続けていました。

いつも、運動をした後の心地良さに似たものを感じていました。

その当時は、まだ老後のことなど念頭にあるはずもなく、その時々をひたすらに生きていました。

そして今、老後を生きる身となりました。普通なら、階段を嫌がる年齢でしょうが、私は未だに運動の場と捉えて、上り下りを平気でしています。その原点は、団地での生活があったからに違いありません。

若い時からの習慣は、まるで、動物に備わった本能のように、身に付いていることに気付かされます。

私はこの歳になっても、階段や坂道に差し掛かると、つい、駆け上りたくなります。

私には、もう一つ本能の働きを感じることがあります。と言っても、老いて役立つことではありませんが、樹木の枝が、横に伸びているのを見掛けると、鉄棒のように、ピョンとジャンプして、ぶらさがりたくなるのです。

重い体重では、枝が折れてしまいますので、実行することは出来ませんが、公園などで樹木の枝を見ては、あの枝も、この枝も横に伸びている、と心を動かされて、ぶらさがりたくなる衝動に駆られてしまうのです。

原点を挙げるとするならば、幼少期になります。私は学校の鉄棒が大好きでした。無理をして、高い鉄棒にぶらさがろうとして、手を外ずしてしまい落下し、一時、息が止まったことがありました。それでも懲りずにチャレンジしていました。

また、樹に登っては、鉄棒のように、ぶらさがって遊んでいました。

老いてまで、その気持ちが継続していたとは、我ながら以外に思っています。そして、若い時の習慣や経験が、いかに大切か、いかに影響されるかを、しみじみ噛み締めています。

私は今でもマンションや出先で、階段を駆け上がることがあります。沢山ある階段の中で、私にとって一番に上り易いのは、駅の階段です。

その時々の都合によりますが、私は出来るだけ階段を利用しています。少しでも運動になったかな、とささやかな喜びに浸れるからです。この頃は、階段で転げ落ちたりしたなら、「いい歳をして」と笑われそうですから、慎重に慎重にと心掛けています。

現在、八十一歳を迎えたばかりの自分を、試したくなったことがあります。それは、階段を何階まで駆け上ることが出来るかです。

自宅マンションの階段で試してみました。若い頃のように軽々と、とは言えませんが、息を切らしながらも、何とか四階まで上がることが出来ました。

まるで、若い頃の四階までが、身体に組み込まれた、ロボット人間のような気がしてきました。

もう一か所、試してみたい場所がありました。七十歳ごろまで、通ると必ず駆け上っていた歩道橋の階段です。上る度に、あと何年こうして駆け上がることが出来るかな、と思いつつ上っていました。

最近は歳のせいか、意識して全段を駆け上がるようなことは、しなくなっていました。だが、ある日人通りが少ない時を狙って、試しに一気に駆け上ってみました。以外なことに以前と、そう変らずに、足がスムーズに上へと動いてくれました。息遣いも余り変わっていないように感じました。

自分の年齢からして、何故かと疑問が湧いてきました。でも、直ぐに答えが見えてきました。パートのお陰だと思いました。

パートの日は、六階の事務所まで、エレベーターを使わずに、必ず階段で、出勤の時と一階で仕事が終ってからの二回、階段の上り下りを平気で実行しているから、自然と鍛えられた結果ではないか、と思えてきました。

当初は軽い気持ちで決めた階段での上りでしたが、九年が過ぎた今、階段を嫌がらずに今日に至り、本当に良かったと思っています。


私の経験から、若い方々に申し上げたいです。——若い内から、階段を上る習慣を身に付けていたなら、老いても足腰が丈夫で、楽しい老後を送れますよ、と。

若い時からの、ちょっとの努力が、老後を豊かにしてくれるはずです。

❀寒さに強い身体づくり

「ちょっとの努力で誰もが」

どちらかというと寒がりだった私は、冬を迎えると、いつも、暖かい地方で暮らしたい、と叶うはずもない願望を抱いていました。

そのぐらいですから、出来るだけ暖かい下着を選び、必ずセーターを着用し、スラックスの下には、厚地のタイツをはいていました。

外出の時には、厚地のコートにスカーフや衿巻きが必需品でした。家の中では、コタツにどっぷりと浸っていました。

それが今では、あることを切っ掛けにして、老いに反批例するかのように、それらの品が不用となる、寒さに強い体質に大変身しました。冬でも半袖の下着に、化繊のブラウスやチュニックを着用し、タイツははかなくなりました。

外出の時には、厚地のコートは滅多に出番がなくなり、春秋用のコートで済んでいます。

衿元の寒さも気にならなくなり、五分も歩くと暑く感じてきます。そのぐらいですから、暖房の効いた場所へ出掛けるのは苦手です。いつも何を着て行こうかと迷ってしまいます。私にとって、冬の外出は、ちょっと憂うつな季節でもあります。

このような身体になったのには、思い掛けない切っ掛けがありました。

それは、前置きが長くなりますが、――私は五十歳になった頃から、老後のことを考え始めました。

当時、我が家は夫と息子の三人暮らしでした。今では、男性が家族の介護をするのが普通の時代になりましたが、その頃の私の中では、介護は女性の役目と捉えていました。

それは、身内を見てきた経験からの発想でもありました。そこで、自身の老後のことを考えた時、「私には頼る人が居ない、だから死の直前まで元気でいなければ」と真剣に思うようになりました。それには、どんなに老いても自分の手料理を口にして、健康でありたいと願いました。そして、少しでも若い内から健康作りを始めなければ、と思い立ちました。

その時の私は、何をしようか等と深く考えもせずに、歩き始めました。

ひとりで、いつでも、気軽に出来るウォーキングは、他人に左右されることなく、自分流を通したい私には、持って来いの運動法でした。

食べたら直ぐに太ってしまう体質なので、以前から「食べたかったら、歩きなさい」と自分にいつも言い聞かせて、よく歩いていたこともあってのことでした。

朝五時半に起床して、一時間ほど歩くことを日課にしていました。

早朝の空気を吸いながら、季節の花々を愛でるのも楽しみの一つですから、主に公園内を何周かしていました。時には知らない路地に入り、民家の庭の草花も楽しんでいました。

ウォーキングをすることで、心身共に元気でいられそうに感じられて、生涯に渡って続けようと心に誓っていました。

そんな折りに、私の目に飛び込んできた求人広告がありました。

ウォーキングから帰り、新聞を開くと、折り込みチラシの中に、求人広告があったのです。それは、早朝六時半から九時半までのパートで、デパート内での品出しの仕事でした。「む、む、これって私のための求人広告じゃない」と嬉しくなってしまいました。

早朝に、ただ黙々とウォーキングをするよりも、仕事で全身運動が出来て、思い掛けない小遣いが稼げると思いました。また、嬉しいことに、職場は徒歩十数分の距離でした。何の迷いもなく、直ぐに応募しました。

めでたく採用されて、働き始めたのは五十一歳九月のことでした。

その職場（青果部）の事務所内には、持ち物や洋服を入れるロッカーがありませんでした。それに代わる物として、引き出し式のプラスチック容器がありました。当初はそれでも良かったのですが、その内に、コートを着用する季節がやってきました。

私はその引き出しに、小さく畳んだならシワになってしまうコートを、押し込みたくなかったので、ぎりぎりの寒さまで、コートの着用を我慢していました。

現在は丸めて置いてもシワにならない素材が沢山、出回っていて好都合ですが。

その内に、単純な私らしい閃きが湧いてきました。「シワが嫌なら、コートなど着用しなければいいいんじゃやない」と。

まるで、神様のお告げを得た心境で、即、実行することにしました。

スマートな体形なら、重ね着が出来ますが、私には無理なことですから、少しでも温かい素材の下着を選びました。その上には丈長のセーターを着用し、首には厚地の襟巻きをしました。

そのスタイルは、どんなに寒い日も、雪の日も変えることはありませんでした。

私のアルバムをめくると、その証拠写真が貼ってあります。それは、地方の友人が所用で上京の折りに、一緒にはとバスツアーで、観光地を巡った時のものです。

その日は三月下旬でしたのに、生憎、雪が舞っていました。それでも同じスタイルで出掛けました。乗客、約五十名の集合写真を見ると、全員がコート姿で私だけがセーター姿で写っています。どう見ても違和感を覚えます。でも、それは最初から覚悟の上でした。

そのようにして秋から冬へと薄着を貫いた結果、私は寒さに強い身体になっていました。

約四年半のパート勤めでしたが、その間ずっと同じスタイルを通していました。

勤めを辞めてからは、自然と普通に戻って、コートを着用するようになりました。でもセーターの上にコートでは、寒さに慣れた身体には、暑く感じて苦痛になるので、セーターの着用は止めにしました。それに代わるものとして、化繊のブラウスにしました。暖かい日には木綿のブラウスにし、素材で調節することにしました。

　現在はブラウス以外に、よく店頭で見掛けるようになったチュニックを着用することが多くなりました。


　大勢の方との体感温度差が大きいことは、時として、不便を感じることがあります。場所によっては、少数派は我慢をしなければなりません。

　辛かった思い出があります。着ぶくれラッシュに出くわした時のことでした。私は暖房を予測して、コートを脱いでから乗車したのですが、それでも暖房が効いていて汗をかきながら、心の中で呟いていました。

「皆さんも暑がりで、薄着の服装であったなら、着ぶくれラッシュは解消されるのでは」と。

　寒さに強い身体は、暑がりの体質になることですから、冬になると暖房の効いた乗り物や建物内に入るのが、苦痛に感じることが多々あります。

　私は以前から疑問に思っていたことを、新聞の投書欄に投稿しました。結果、採用して頂きました。平成三十年に次のようなことを。

『暖房利き過ぎ　うんざり

毎年思うことだが、電車やバスに乗車した時や、店に入った時に、暖房が効き過ぎているのには、うんざりする。乗務員や店員の服装は冬にしては軽装が多く、従業員に合わせた温度設定にしているとしか思えない。

車内が混んでいると、コートは脱げないし、脱いだコートを手に持っての買い物は不便だ。何より、中と外との温度差が大きく、体に良いはずがない。従業員は冬らしい服装をし、客を第一に考えた温度設定にしてほしい。そうすれば、相当の節電にもなるはずだ』

私の経験から、誰でもが薄着で寒さに耐えられる身体作りが出来るのでは、と思うようになりました。

ポイントは、タイミングを逃がさないことです。それは、朝晩に肌寒く感じる九月下旬が理想です。その肌寒さに敏感に対応せずに、鈍感になることです。

一枚はおりたくなるのを、ちょっと我慢するのです。風邪の流行期ではないので、薄着に慣らす絶好のチャンスです。

我慢出来ずに、どうしても一枚はおりたい時には、例年よりも少し薄地のものにします。そして、冬本番を迎えた時には、誰もがコートを着用したくなることでしょう。そんな時には、中に着るもので調節をします。例年より薄地のものを着用すれば、鍛えることに繋がります。そうして一冬を乗り切れたなら、しめたものです。

そんなにきつい努力をしなくても、自然に寒がり返上が出来たことに気付かされます。

二年、三年と経続する内に、真に寒さに強い身体に鍛えられてきます。

嬉しいことに、寒い朝の起床が全然苦にならなくなります。以前の私でしたら、温かい布団の中から抜け出すには、ちょっとしたモジモジタイムを要しましたが、今は布団をはいでムクッと飛び起きています。

その後、普通でしたら、暖房にスイッチを入れる所でしょうが、私の朝にはその必要がありません。日中は勿論のことです。日当りの良さもあり、暖房なしの生活をしています。

我ながら、何と経済的な人間かと思います。

現在、パートの勤務で十度目の冬を迎えましたが、職場では冬でも半袖の制服でとおしています。冬用の化繊のジャンパーを頂いていますが、着用したことがありません。もし、それを着用したなら、暑くて苦痛と感じるに決まっているからです。半袖姿でも、動いている内に、身体がほてってくるのです。

職場の方や、来店客から「寒くないですか」と声を掛けられることがあります。私は「脂肪を着てますから」とか「脂肪が燃えてますから」と答えては、笑いを誘っています。以前に働いていた職場では、同僚から「薄着で寒くないの」と問われた時には、「特殊な下着を着てますから」と答えました。するとは、「見せて、見せて」と興味津津のご様子でした。笑い上戸の私は、笑いを堪えて、「分厚い脂肪を着てますから」と説明をしました。

冬が来ると思い出す、笑い話です。

毎年、九月下旬を迎えると、私の目は、自然と人間ウォッチングを始めます。特に信号待ちをしている時です。単に寒がりの人、暑がりの人、と見分けているだけのことなのですが、驚くことがしばしばです。

早々と冬のような服装を目にしては、冬本番には、どれだけの厚着をするのでしょう、と余計なことを考えてしまいます。

また、親が厚着をしていると、その子どもも厚着をしています。たまに思うことがあります。「子どもは風の子、活発に動き回るのだから、もう少し薄着でもよいのでは」などと余計なことを。

何かに付けて、「慣れてしまえば平気」とよく耳にしますが、暑さ寒さに対しても同様だと思います。

私はちょっとの努力で、風邪をひかなくなりました。

それが何よりのメリットかも知れません。

❀七十一歳での挑戦

十年前、私は七十一歳にして、思い切った行動をとっていました。顔の見えない電話の力を借りて、大型量販店へ、駄目元の心境で「見た目で雇って下さい」とお願いしたのです。

それまでには、新聞の折り込み求人広告を見て、何社に電話をしても、ほとんどが六十八歳までの年齢制限で断られていました。

働けるかどうかは、それぞれの体力が問題であるはずなのに、年齢で区切ることに疑問を抱いていた私は、以前から見た目で判断してほしいと思っていました。

電話口からの返答は、思い掛けないものでした。短かい簡単な会話でしたが、面接をして頂けることになったのです。

明くる日、早速、面接に参りました。見た目で雇って下さい、と言ってしまった手前、内心、恥ずかしい気持ちを抱いていました。

でも、駄目元の精神から発する勇気は凄いものです。他人の心を動かせるのですから。

当然、履歴書を持参したのですが、それとは別に、会社専用の用紙を渡され、志望動機を記入させられました。

急なことでしたので、一瞬とまどいましたが、心のままに確か二つのことを――

○身体を動かして（運動）収入を得たくて。

○自分を変えたくて。

その時の私は、夫を亡くして二年余り経っていました。その二年間は、まるで悲しみから逃がれるかのように、思い立ったことを無我夢中で成し遂げていました。

一年目は、夫の闘病生活を本にするため、原稿書きや、形にするまでの活動に追われていました。二年目は、以前から計画をしていたことで、義母の形見の品「羽織」を使って、袋物を作り、義きょうだいに贈るために、一生懸命でした。習ったパッチワークの技を活かして、黒地の羽織の布に、色々な色彩の布を接いで、楽しみながら作っていました。

二十五センチ×二十八センチ大の袋物を七つ仕上げました。その後も大・小様々なサイズの袋物を作っては、身内、友人、知人へプレゼントをしていました。ざっと数えてみると百個は作りました。まるで、袋物に取り憑かれたような日々を送っていました。

そうして、目的を達成してしまうと、心に大きな空洞が出来てしまいました。その空洞を抱えたままの自分は嫌でした。私らしくない、とも思いました。

老いた年齢を気にしながらも、自分を変えたい。何かになりたい。外へ出たい、社会の一員になりたい。と日々、心が動いていました。そうこうしていて、強い思いが湧いてきました。

「やがて、もっと老いてしまって、何も出来なくなった時に、あの元気だった時の私は、何をしていたのでしょう。と後悔はしたくない」と。


私は元々、身体を動かす仕事が好きでした。農家で育って、小さい時から手伝いをしていたことが影響しているのでは、と自分なりの解釈をしています。

身体を動かす仕事なら何でも良かったのです。掃除の仕事は全身を使うので、それも悪くないと考え、求人広告のあった会社、数社へ当たってみましたが、年齢で断られていました。そんな折り、いつものウォーキングの帰り道、買い物に立ち寄った店の、エレベーター内に求人広告が貼ってありました。早朝の品出しの仕事でした。私の性格に向いている仕事でした。それに、徒歩十分内の近さも魅力でした。年齢的に断られるに違いない。でも、後悔はしたくない。とにかく当たってみよう、〝当たって砕けよ〟の精神で電話をしたのでした。

若い男性社員から面接を受けました。質問をされて、印象に残っている言葉がありました。「力はありますか」と。多分、年齢的に心配なさったのでしょう。私は自信を持って答えました。「ハイ、力持ちです」と。私は以前から、こんな時を予測していたかのような生活をしていました。ウォーキングを兼ねての買い物を、遠くの店で済ませて、両手に重たいレジ袋を持って、腕力を鍛えていました。

ある時、余りにも重たいレジ袋で大変だったので、帰宅すると直ぐに、どのぐらいの重さか、試しに量ってみました。八キロもありました。その時は、遠いので、たまにしか行かない八百屋さんでの買い物でした。ついつい安さに釣られて、野菜や果物を買ってしまいました。約三キロの道のりを。今度からはほどほどの重さにしよう、と反省しながら、ゆっくり歩いて帰りました。

別の八百屋さんへ行った時には、高齢の店員に「力持ち！」と驚かれたことがありました。それは、五本のトウモロコシが盛られたざるを、片手でひょいと持ち上げた時のことでした。私にとっては、そのぐらいのことで驚かれたことの方が驚きでした。私は以前から、老いても力持ちでいたい、そうあらねばならない。と自分に言い聞かせて生きてきました。

面接の結果は、採用の場合は一週間以内に電話をくれることになっていました。祈る思いで待った電話でしたが、一週間が過ぎても電話はありませんでした。「やはり七十一歳の壁は厚かったか、仕方がないな」と諦めていました。しかし、その二、三日後に電話を頂きました。

思い掛けない、店長さんからでした。

「私は坂井さんに直接お会いしてませんが、遠くから見ておりました。お元気そうでしたので……」と。何と嬉しい、有り難いお言葉でしょう。私は本当に元気だけが取り柄のような人間ですから、「さすがに店長さん、お目が高い」と内心、思いました。

想像力が逞しい、とよく夫に笑われていた私は、こんな想像をしてしまいました。

面接をされた社員と店長さんの会話です。

「店長、七十一歳は無理だと思いますよ、年寄りの女性に力仕事はきつくて、直ぐに辞められてしまいますよ」

「いや、小太りで案外、力持ちかも知れない、元気そうにも見えたし、七十一歳でも応募するぐらいだから、自信があるのでは……」

「いや、どうせなら、少しでも長続きしそうな、もっと若い人を雇うべきでは……」

「じゃあ、もう少し応募者を待ってみようか」

というような会話があって、一週間が過ぎてしまったのでは、と。

果たして、どんな会話があったのでしょうか。とにかく、私は店長さんに対し、感謝の気持ちでいっぱいになりました。そして、店長さんのためにも頑張ろう、と思いました。

私は三つの誓いを立てました。

一、どんな嫌なことがあっても辞めない。

一、休まない。

一、六階の事務所まで、階段で上る。

この誓いは、十年目に入った今日まできちんと守っています。

様々な食品の品出しを、自分の持ち場が終わるまでの四、五時間、隔日で週三日、勤務しています。一度も疲れを感じたことがないので、老いの身には、ちょうど良い勤務体制なのかも知れません。疲れを感じるようになったなら辞め時と思っています。

人生は一生勉強とよく耳にする言葉ですが、社会に出てみると、改めて成る程と頷けます。体験してみて、初めて知った思いがあります。若い時には感じなかった、働けることへの喜びです。これは体験をしなければ語れないことだと、しみじみ思いました。以前の私は、老いたら、働かずにのんびり過ごせばいいのに、という目で他人を見ていました。しかし、今は働く人の気持ちを理解することが出来ます。

また、職場の方々お一人おひとりから、何かしらを感じての学びもあります。家にこもっていては、このような経験は無かったのですから、狭い心のままで生涯を閉じたことでしょう。

仕事を終っての帰り道は、いつも充実感を抱いて、明るく、清々しい心地で歩いています。普段の日も、亡き夫には、申し訳ない程に明るく過ごせるのは、仕事のお陰だと思います。

肉体的にも大変メリットがありました。商品を高い棚へ陳列する時には、踏台に乗ったり下りたりを何度も繰り返します。また、残った商品は、まとめてダンボル箱に入れ、高い棚へ載せます。五、六キロの重量は当り前のこと、時にはそれ以上の重量があっても、踏み台に乗って載せています。そのお陰で、私は老いに逆らって、より力持ちになれました。これは私にとって、とても有り難いことなのです。我が家には、老いても、その力を必要とする場所があるからです。それは、夫が残してくれた二間巾の立派？な棚です。

当マンションに越すに当たり、タンスの配置を考えた時に、どうしても二つの整理ダンスの置き場がなく、困ってしまいました。すると、夫が「俺が棚を造ってやるから、タンスを処分しなさい」と言い出したのです。

夫は若い時から手先が器用でした。私の希望する小物を何でも造ってくれていました。

しかし、この棚は大掛かりなものでした。

二間もの長さの角材は、エレベーターには入りませんので、階段を使って八階まで、ひとりで運んだのです。そのことを知ったのは二泊し田舎から帰ってのことでした。私が目にした時には、棚の骨組みが出来上っていました。嬉しい反面、先のことを考え、困惑してしまいました。畳の上に棚の柱を立てたのですから、畳の表替えが一生、出来ないじゃない。と思ったのです。でも、一生懸命な夫に対し、申し訳なくて口には出来ませんでした。

ここ数年、傷んだ畳を見ては、どうしようと悩んでいます。

その棚を造った時の夫は六十歳でした。私は五十六歳でした。お互にまだ体力に自信がありました。出来上った棚には、衣装ケースを二段重ねにして、十六個も載せることが出来ました。当時は重たい衣装ケースを、平気で上げ下ろしをしていました。

毎年、衣替えの季節になると、椅子に乗って衣装ケースの上げ下ろしをしていますが、七十歳ごろからは、こうして上げ下ろしを何歳まで出来るだろうか、と心配するようになっていました。

年々、重さを加減したり、古いケースを処分したりして、老いを意識しながら、この棚のためにも、力持ちで足腰もしっかりしていたい、と願っていました。それが今、パートのお陰で、当分、大丈夫と思える私がいます。

もう一つパートのお陰がありました。これも老いに逆行して、歩くのが早くなったのです。

このパートに就いた時から、ある程度のスピードを求められる仕事であるはず、と思っていた私は、何をするにも焦っていました。常に早く、早くと心が叫んでいるかのようでした。空いたダンボール箱を店外に運んだ帰りは、短かい距離ですが小走りになります。店内では、自然と急ぎ足になります。

その焦る気持ちから、私は大恥をかいたことがありました。勤めて間もない頃でした。袋菓子の陳列をしていると、客が勝手に置いたと思われる、箱に入った菓子が一緒に置いてありました。それを手に取り、近くにいた社員の方に、「これは何処でしょうか」と置き場所を尋ねました。すると、「アイスケースの……」と耳にした私は、最後まできちんと聞かずに、アイスクリームの入った扉を開けて、似たような大きさのアイスクリームの入った棚に入れたのです。そして思いました。私の知らない間に、菓子業界は凄い発展を遂げている。アイス菓子を一晩中、常温に置いたら、溶けてしまうはずなのに、冷凍室へ入れたら、また元に戻るんだ、知らなかった私は遅れてると。その後、直ぐに社員の方が気付いて、「アイスケースの脇の棚」と言ってくれたのです。私は慌ててその場所へ戻しました。そして、ジワジワと恥ずかしい気持ちが湧いてきて、その場から消えてしまいたい心境になりました。

ここでも私の想像の世界が広がりました。その社員の方が、店長さんへ伝えました。「――こんなことがありましたよ。とんでもない年寄りを雇いましたね。もしやして、認知症かも知れませんよ」すると店長さんは、「まあ、少し様子を見て下さい」と。でも内心は、やはり無理だったか、社員の言うことを聞くべきだっと後悔していたのでした。

今となっては笑って語れますが、当時は無我夢中で覚えることに必死でした。

パートのお陰がまだありました。身体を動かしていることで、コレストロール値が下がったのです。毎日、服用している薬の量が半分で良くなりました。

今の私が心身共に健康でいられるのは、パートのお陰と信じています。

いつどうなるか分からない年齢ですから、あと何年いつまで働きます。と口には出来ませんが、不思議なことに疲れを感じたことがありませんので、当分は働けそうに思っています。私は何歳まで働けるか、自分に賭けをしています。

老いても雇って頂けたことに、感謝をしながら、一生懸命に働きたいと思っています。

夫が健在であったなら、今の私は無かったはずです。夫はあの世から、どう見ているのでしょうか、「お前は強情だから、仕事を辞めろ、とは言わないが、無理をするなよ」と言ってくれるに違いありません。

今、振り返ってみますと、長い人生には、思い掛けない、予期せぬ展開があるものだと改めて思います。自然に訪れる展開と、自分から切り開く展開とが、交錯して訪れ、泣いたり笑ったり、だから生きている実感が湧いてきて、面白いのかも知れません。

パートで得られる、収入の喜びも記しておきたいと思います。

僅かな収入ではありますが、「働いているから」と言って、誰かへ物をプレゼントをしたり、一緒に外食をした時に、おごったり出来ることが、ささやかな喜びとなっています。「働いているから」と言える自分が嬉しいし、それによって、相手の気兼ね度が違ってくると思います。「そうお、じゃあ」と、快く受けて頂けそうな気がします。

また、自分自身に対しては、物を買うことをためらっていると、心の中の私が、つぶやきます。「働いているのだから、買ってもいいんじゃない」と。

そのつぶやきには、反省するところもあります。安値に釣られて、無くてもよい物を買ってしまったり、洋服を買うに当たっては、迷って一つに絞れず、二着も買ってしまい、合わなかったら、誰かに上げればいい、と軽い気持ちでの買い物が多くなりました。

本当に、その内の一着を送った相手から、こんなことを言われました。

「無駄遣いしないでね、後のために貯金してね」と。

私は電話口で大きく頷きました。どうであれ、老いてからの収入は特別な喜びです。

そして、くよくよせずに心豊かに暮らせます。

それは、心身の健康にも影響を与えているに違いありません。

❀太極拳との出会い、そして…

私の運動の習慣は、ウォーキングだけでした。老いても歩いてさえいたなら大丈夫、と自己満足していました。しかし、六年前、パートの帰り道、右足首の辺りに鈍い痛みを感じて、ゆっくりと歩きながら、考えさせられました。もし、歩けなくなったら、私は何の運動も出来ない。何かを身に付けておかなければ、と。

その痛みには、思い当たることがありました。十日ぐらい前に、右太股に走るような痛みを感じて、かかりつけの医師に診て頂きました。医師は、私の説明から瞬時に判断して、背骨のレントゲンを撮ることになりました。

その結果、背骨に曲った所があり、神経が触れているための痛みと判明し、神経痛と診断されました。

神経痛という言葉は、とてもショックでした。私には勝手な思い込みがあって、神経痛は、一生、治らない病と捉えて生きてきました。

そのぐらいですから、薬を一生、服用しなければならないのでは、と暗い気持ちになりました。しかし、医師には薬を出す様子がなかったので、私は「お薬は？……」と当然のように口にしました。すると、「薬はありません」とのこと。私はとても驚きました。

「それでは、どうすれば良いのでしょうか」

「運動をして、背骨の周りに筋肉を付けることです」

医師はその後で、「太極拳が良い」とおっしゃったようでしたが、私は随分、前からこの年齢になって、もう何の教室にも通いたくないと思っていたので、医師には申し訳ないが、真剣に受け止めてはいませんでした。

運動はウォーキングの他に、自己流でやるつもりでした。

その数日後、私は友人と電話で話す機会があり、神経痛の話しをしました。すると、友人は腰の神経痛で、二種類の薬を病院から頂いたが、全然、良くならなかった、と嘆いていました。私は改めて、良い掛かり付けの医師に巡り会っていて良かったと思いました。

私も友人と同じような医師と巡り会っていたなら、効きもしない薬を服用していたかも知れません。

右足首の辺りに鈍い痛みを感じてから数日後のことでした。届いた区報紙に隈無く目を通していると、小さなスペースを割いて、太極拳、教室へのお誘いが載っていました。ちょうど良いタイミングでの記事に、釘付けになりながら、私はいつものように、神様がいてくれた、と感じました。

足が痛くて、ゆっくり歩いた時間は、七・八分でした。帰宅した後は、何のこともなく、太股に走った痛みまでも感じなくなっていました。

医師のアドバイス「運動をして、筋肉を付けること」もしないうちに治ってしまいました。一安心はしましたが。

それら全部が、神様が仕組んでくれたように思えてなりませんでした。

私は直ぐに太極拳の先生へ電話をしました。そこで、どのようなものか、教室を見学させて頂くことにしました。

私は過去に苦い経験がありました。独身時代に友人に誘われて、ダンス教室へ通ったことがありました。しかし、友人と違って、私はなかなか覚えられず仕舞いでした。

また、六十歳代に水泳のお試しコースに、十回ぐらい通いましたが、とうとう泳げずに終ってしまいました。そのようなことから、私には身体を動かす稽古事は、向いていないと思って生きてきました。

太極拳はテレビ番組の中で、少し目にしたぐらいでしたので、全く未知の世界でした。覚えられるか、とても心配でした。でも、持ち前の性格で「当たって砕けよ」と臨むことにしました。

見学の当日、私は教室の様子を見せて頂くだけのつもりでした。だが、体験を勧められました。予想外のことでしたので困惑しましたが、先生の指示に従って、最前列の位置に立つことになりました。十数名の中の前列ですから、とても緊張しました。

幾つかの型を、先生と指導員を真似てやりましたが、鈍い私には最初から無理、覚えられそうにないと思いました。約一時間が経過して、休憩タイムに入りました。無理と思った以上、その後も続ける気になれずに、そこで引き揚げました。その場でのお断りはしずらいので、後で連絡をするつもりでした。

その一方で、教室の和やかな雰囲気には魅せられていました。その雰囲気に浸りたい気持ちと、覚えられないので止めようという気持ちとの葛藤の日々が、一週間、続きました。毎日どうしようと真剣に悩みました。そして、息子に話してみました。すると、もっともな答えが返ってきました。

「難しいから習うんじゃないの、易しかったら習う必要がないんじゃない」と。私はその言葉に後押しされた形で決心が付きました。

私は電話で、先生に「一生、覚えられそうにありませんが、教室においてください」とお願いをしました。先生は「無理に覚えなくていいんです」とおっしゃってくれました。

教室に通い始めて、最初に驚いたことは、多くの方が十年も太極拳を続けていることでした。同じ教室に十年も通うのですから、太極拳と先生の魅力、それに、私の見立てどおりの和の雰囲気があるからに違いない、と思いました。

その十年もの先輩方が、決して威張ることなく、優しく接してくれることが、和に繫がっているのだと感じました。

教室では全然、覚えられないのにもかかわらず、その帰り道が、とても清々しく感じられるのが不思議でした。そして、もっと早くから太極拳に巡り合っていたかったと思いました。私にとっての太極拳は、別世界の存在を知った思いでした。

太極拳教室には、終わった後で、お茶会や食事会の楽しみがあることを知りました。希望者が自然と集まり、行き付けの店で食事をしながら、時を忘れて談笑しています。今まで、見ず知らずだった面々が集うのですから、様々な人生経験を聞くことが出来ます。私の知らなかった世界が、また一つ広がりました。人一倍、好奇心が旺盛な私は、身を乗り出して聞き入ります。毎回、驚いたり、感心したり。また、珍しい、私の知らなかった病気の話や、健康に関することなどで盛り上がります。時には新聞やテレビの話題で同感したり、嘆いたりと時間が何時間あっても足りないぐらいです。

帰宅しても、その会話の余韻を楽しむかのように、心は満されています。

あるテレビ番組で、寝た切りにならないためには、運動と会話が大切で、その会話は一対一より復数の方が良い、と有識者が語っていましたが、成る程と思いました。復数ですと、その数だけの話題で盛り上ります。脳が刺激されて、活発に動き出すような気がします。内にこもっていたなら、脳は静かに眠ったままに違いありません。私は太極拳を通して、復数の方と会話が出来ていて、このテレビ番組に頷ける自分は、何とラッキーなことかと思いました。

私は何かに付けて、神様がいてくれた！　と感謝をして生きてきました。今回の太極拳との巡り合せは、一本の線で結ばれていたように思えてなりません。もし、パートで働いていなかったなら、帰り道で足首の辺の痛みを、感じることがなかったかも知れません。痛みを感じずに済んでいたなら、決して太極拳を習おうとは思いませんでした。

夫の死が切っ掛けで始めたパートでしたが、そのパートの出発点から、一本の線が引かれていて、太極拳に到達したのでは、と思えてなりません。いずれにせよ、思い立ったことは、迷いながらも実行しないではいられない性格が、根底にあってのことだと思います。

私は若い時から、どうしようかな、と迷った時には、いつも、後悔はしたくない、との思いで道を選んで生きてきました。

一度切りの人生、と思う気持ちがそうさせるのかも知れません。

話は逸れますが、――レントゲンの結果、背骨に曲った所がある、と診断されてから、自発的にきっぱりと止めた習慣があります。

いつの頃からか、はっきりしませんが、私は椅子に掛けてテレビを観る時には、必ず脚を組んでいました。一日、断続的に何時間になるか、日によって違いはありますが、毎日、何年間も続けてきました。

それは、左右対称である身体に対して、不自然な負荷を掛けていたことになります。背骨は悲鳴を上げていたのかも知れません。しばらくして、前のように脚を組んで試してみました。あんなに自然と馴染んでいたはずの体勢でしたのに、不思議なことに、窮屈であり、両脚の接点に少し痛みさえ感じました。〝慣れ〟とは、場合によっては恐ろしいものです。それに気付くことが出来て、本当に良かったと思いました。

太極拳は身体の動く限り、先輩方のように続けるつもりでしたが、止めざるを得ない時が訪れました。

二年が経過した段階になって、初段のテストを受けなければならないことを知らされました。〝寝耳に水〟のごとしで、同期の私達はとても驚きました。そして、それぞれが本音を口にしました。七十歳代の五人です。

「この歳になって、資格など要りません」

「入る時に説明をしてほしかったです」

「まだ覚えられないのにテストは無理です」

特に覚えの悪い私は、

「覚えていないのに受ける資格はありません」と口にしましたが、たとえ覚えていたとしても、不要な〝モノ〟をテストまでして、受け取りたくはありませんでした。

健康のために続けたい、という同じ思いの私達は、せっかく慣れた居心地の良い教室に残りたい一心で訴えました。

先生の下された結論は「テストは一年延ばして来年にします」でした。あくまでもテストはあることに変わりはありませんでした。

何とか続けたい私は、あと一年間、続けてみようと思いました。しかし、ある方は直ぐに止めてしまいました。また、ある方は数か月して「テストを受ける気がないのに居づらい」と言って止められました。私は複雑な思いで見送りました。

その後、新型コロナ禍での稽古の中止があり、それを切っ掛けにして止められた方もいました。今になって思うと、それが理想の止め時だったのかも知れません。


私は資格など不要ですが、残って居続けた以上は、テストを受けなければならない、との思いがありました。でも、どうしても納得のいかない点がありましたので、約束の一年の二か月前に、先生に気持ちを伝えました。

それは、稽古の途中、十分間ほどの休憩時間中のことでした。一対一で私は一方的に心情を吐露しました。

「もう直ぐお約束の一年になりますが、人一倍、鈍い私はどうしても覚えられません。テストを受ける時には自信を持って受けたいと思って参りましたので、まだ受ける資格はありません」そして、以前から思っていた提案を申し上げてみました。

「私はもう直ぐ八十歳になります。資格は要りませんので、別枠を設けて置いて頂けませんか。私は神様に導かれて、この教室に入ったと思っています。ですから続けたいです」

先生（年配の男性）は「私は仏様」と口にされただけで、真剣に耳を傾けてくださいました。そして先生は「あと一年、延ばします」と口にされました。

その時の私は、申し訳ない気持ちと生き延びた感じで、ホッとしていました。そして資格は要らなくても、あと一年、頑張ってテストを受けられるよう努力しなければ、と思っていました。それなのに、

そのような経緯がありながら、次の一週間後の教室で、私は突然に太極拳を止める決心をしてしまったのです。

いつも、稽古前の一時、先輩方に部分稽古をして頂いたり、雑談をしながら、先生を待ちます。たまたま、その雑談は、先生と先輩方が十年以上かけて築き上げた教室であることに話しが及びました。私はいたたまれない心境になりました。いかに我がままで、ひとり居続けてきたかに気付かされて、私の居る場所ではない、とやっと悟ったのです。

その教室が終わるのを待って、直ぐに先生に止めることを伝えました。まさかの展開に先生も先輩方（十名）も大変な驚きで、しばしざわつきました。

私の勝手な思い込みからの判断であって、どなたにも相談をしていませんでしたので、先輩方が「なぜ」「どうして」と口々に言いながら引き止めてくださいました。

先生は呆れ顔で言葉を無くしていました。私は先生の心の内を想像していました。もし、私が男性であったなら、殴りたい衝動に駆られているのでは、と。
私は、先生のお気持ちを思うと、どんな言葉を浴びせられても仕方がない、と覚悟をしていました。
稽古に出掛ける朝、今日も頑張ろう、と家を出たのに、まさか止めて帰ることになるとは、自分のことでありながら、こんな突然があるのだ、と驚いてしまいました。そして、ままならない心の不思議さを感じてなりませんでした。

太極拳教室へは、毎週、日曜日ちょうど三年間通いました。当初の思いを貫くことは出来ずに残念な気もしますが、私にはパートの仕事がありますので、日曜日に時間を気にせず落ち着いて過ごせるのが嬉しいことです。でも、仕事が無かったなら、後悔したり、虚しさを感じていたかも知れません。

太極拳を止めても、覚えて身に付いたことはありますので、自宅で身体を動かすことが出来ますから、習った甲斐はありました。

それに、想定外の知らなかった世界に足を踏み入れたことは、貴重な体験となりました。老いの身に新鮮な空気が流れ込み、心身共に活性化されたに違いありません。

また、老いてから、思い掛けない知人、友人が出来たことが何より嬉しいことです。素敵な友人に巡り会うために太極拳教室へ導かれたのでは、とさえ思えてきます。

そう思うと、勇気を出して、行動を起こし本当に良かったと思っています。

❀三時間のドラマ

「心の奥底を見た経験」

珍しい体験談や、非現実的な体験談を、よく小説のような、ドラマのような、などと表現されますが、私には、「三時間のドラマ」がありました。それは、認知症の方と行動を共にした時のことです。思い掛けない貴重な体験でしたので、記すことにしました。

社会問題でもある認知症の増加、それに伴い介護に関する問題がありますが、まず、認知症患者の本質を知ることが大切だと思います。その上で介護に当たれば、問題を最少限に抑えることが出来るのでは、と経験を通して学んだ気がします。

現実にあった私の体験が、少しでもお役に立てば幸いです。

それは、古希祝いの会を、故郷の温泉旅館で済ませて、帰りの道中の出来ごとでした。

私は幹事の方から、大任を引き受けていました。それは、認知症の方を家まで送り届けることでした。

幹事の方は、彼が認知症であることを知ってはいましたが、同級生の皆に知らせを出しました。まさか彼が出席されるとは、思っていなかったようですが、彼は日時を間違えることなく、鈍行列車を乗り次ぎ出席されました。その点からすると、軽度の認知症なのかも知れません。

しかし、言動や表情からすると、誰の目にも認知症では、と感じられました。

東京からの出席は、彼と私の二人だけでした。彼の帰りを心配した幹事が、夜の宴席で、私に同行を頼むと言われました。快く引き受けた私は、近くにいた彼に、「一緒に帰りましょ」と伝えました。すると、「嫌だ！」と断られてしまいました。

だが、翌日になると、彼は私の後ろを歩いて、行動を共にしてくれました。無言で。

私は乗車券を持っていましたが、彼は窓口で買うことになりました。私は彼の後ろに立っていて、手元はよく見えてませんでしたが、駅員に金額を言われてから、一旦出した千円札を戻す所は見ていました。その後、慌ててポケットのあちこちに手を入れ、やっとズボンの後ろポケットから一万円札が出てきました。私が立て替えることなくホッとしました。

その釣り銭も、当然ポケットに収めました。私は想像してしまいました。彼のコート、ズボン、シャツのポケットを逆さにしたなら、札やら小銭やらが、結構出てくるのではないか、と。


電車に乗る時も、彼は無言で私の後ろを、追って付いてきてくれました。

始発で空席が多かったので、三人掛けの席にしました。先を歩いていた私は、自然の形で窓側に一旦は腰を下ろしましたが、彼も暫く振りに田園の風景を楽しみたいはず、と思い、彼に掛けて貰いました。

私の大きいバックや、思い掛けない頂き物などが入った手さげ袋を、真ん中の席に置いて、私は通路側に掛けました。

私ひとりの乗車でしたら、外の風景を楽しむか、読書をするのですが、彼を放っておいては失礼かと思い、差し障りのない会話をしていました。主に中学時代の思い出話しをしていました。

結局は、彼は私の方を向いていたので、風景を楽しめなかったことになります。逆に私の方が会話の合間に風景を見ていたことになります。

乗車をして、一時間ほど経った頃でした。思い掛けない〝ドラマ〟が待っていました。

お互いに斜めに座った状態で会話をしていたのですが、彼は次第に私の顔を、しげしげと見詰め始めました。そして、どう見間違えたか、老眼のせいか、「可愛いい」「可愛いいな～」と言ってきました。私は、

「それは子供に言う言葉でしょ」と笑ってしまいました。すると、

「そんなにおかしいかな～」

「おかしいわ、こんなおばあちゃんに言うんですもの」

「そうかな～」と首を傾げた顔には、別人のような生気を感じました。

その内に、今度は「こちらに来て！」と真ん中の荷物を置いた席を勧めてきました。

「暑がりですから、こちらの方が涼しいでしょ」すると、

「こっちに来て！　口付けしょう」と、驚きの言葉を投げ掛けてきました。

私は不意に湧いた言葉を返しました。

「夫に叱られます」すると、

「内証で」と。

私は、それらの言葉に対しては、心穏やかではいられない、荒波が急に襲って来た思いを抱きましたが、それにも増して、彼の表情の変化には、信じられない衝撃を受けました。

彼はそれらの会話の間に、徐々に表情が変わったのでしょうか。気付いた時には全くの別人の人相になっていました。正常な紳士で、素敵にさえ見えました。若い時には、もっと好男子であったはず、きっと奥様も美しい方では、と連想してしまうほどでした。まさか彼との道中で、このような信じ難い体験をするとは、誰（同級生）にも予想することなど出来なかったことでしょう。

私は貴重な体験を通して、人体（脳）の不思議さを考えさせられました。

単純な脳を持った私は、こんなことを想像しました。

「もしやして、老いても恋心を抱ける環境の中に居られたなら、認知症を遠避けられるのではないのか」と。単純過ぎる考えでしょうか。研究者に委ねたいところです。

いや、もう、とっくに研究がされているのかも知れません。発表済みかも知れません。

私は以前から、結果的にそれで良かった時には、いつも「神様が居てくれた！」と喜んでしまいます。今回もそうでした。

窓側の席へ、彼に掛けて貰ったことは、正解でした。もし、私が掛けていたなら、彼が移動して来て、「口付けしょう」と迫って来たかも知れません。私には逃げ場がありませんでした。やはり神様が居てくれました。

今回のことを通して、私は認知症と介護について、考えさせられました。

以前に観たテレビ番組を思い出しました。介護師の方が、業務に当たっている時に、認知症の男性に身体を触られた、との報道でした。

その報道に対して、私には知らない世界の出来事と捉えていました。しかし、今回の経験から、身近で現実味を帯びて捉えられるようになりました。

いかに介護現場、介護師の方々が大変か、そして、何と有り難い存在かと、改めて思うようになりました。

その彼と東京駅に着いてから、電車を乗り継ぎ、その後はタクシーを利用しました。

バスも考えましたが、タクシーの方が分かり易く、時間も掛からないのでは、と思いました。

タクシーに乗車して、私が所番地を伝えました。運転手さんは、そちらの方面は初めてかな？　と感じるほど何度と、道順を尋ねてきました。私も知らない土地なので、彼が頼りでした。だが、彼は運転手さんに尋ねられる度に、「真っ直ぐ行けばいいんだよ」の繰り返しでした。

その内に、お互の口調が荒くなってしまいました。心配になった私は、ちょうど運転席の真後ろの席でしたので、ちょっとの隙に、「認知症です」と伝えました。

その後はナビを頼って、彼のマンションを探しました。彼が「あのマンション」と指をさしたのは、五十メートルぐらい手前の所でした。

車中、運転手さんから、「いつも何駅を利用してますか」と尋ねられても、答えられなかった彼を心配しましたが、マンションの外観の記憶があったことに、ホッとしました。

下車してから、マンションの入口まで敷地内を少し歩きますが、その間に彼は、「家へ寄ってかない？」と、少し間をおいて二度言ってくれました。それは、東京へ着いてから、彼が私に対して口を開いた最初の言葉でした。

彼の思い掛けない気配りに対して、新幹線内での驚きの会話の後でしたので、複雑な気持ちで「有り難う、でも夫が待ってますから」と答えました。

マンションの入口近くに、駐輪場がありました。そこで彼は、奥さんの自転車を目にして、「内のが居るわ」と口にしました。

その言葉があったので、私は二重にホッとしました。これで間違いなく彼の住むマンションだ、と安心することが出来ました。

そうして、彼がエレベーターに乗り、上昇するのを見届けて別れました。

多分、彼は私が同行した訳を理解していなかったのではないでしょうか、そんな印象を受けました。

何はともあれ、彼と私の三時間の〝ドラマ〟は無事に終わることが出来ました。

私は彼を送り届けた、帰りのバスの中でも、神様の存在を考えてしまいました。

古希祝いの知らせを頂いたのは、夫を亡くしてから、まだ三か月の頃でした。とてもその気になれない心の状態でした。

出欠の返事を出すまで、どうしようととても迷っていました。夫なら、どう言ってくれるか、仏壇に向って、語り掛けてみました。すると、「一生に一度しかないことを、何で迷うか」と言ってくれた気がしたのです。

家にこもっていた頃なので、気晴らしになれば、との思いも湧いてきました。迷いながらの出席であっただけに、神様が仕組んでくれたように思えてなりません。東京在住の同級生が数人いる中で、彼と私だけが出席であったことを考えてみても、私が彼を送り届けるように、選ばれたように思えてなりません。

お役に立てて、本当に良かったと思いました。それに、得難い濃密な思い出も出来ましたし。

だが、家へ帰っても、「どうだった」と、迎えてくれる夫が居ないのだ、と思うと、とても辛く、悲しい気持になりました。

あれから十一年が過ぎましたが、何年経とうとも、あの帰宅時の家の中の寂しかった記憶が、昨日のように蘇ってきます。

❀手紙を書くと良いことが

私は手紙やハガキを、よく書く方だと思います。電話が苦手な分、書くことで伝えているからかも知れません。

電話ですと、相手への気遣いを要します。今、相手は何をしているかな、迷惑では、などと余計な神経を遣います。

それでしたら、手紙やハガキを書きたい時に書いて、投函した方が気楽です。

でも、何か送って頂いた時だけは違います。その日の内に、相手の時間の都合を予想して、お礼の電話を必ず掛けています。それは、送りものをした時の経験があってのことです。

相手から、何日経っても到着の連絡がなく、心配したことがありました。そのような経験がないと、気付かないことかも知れません。

「手紙を書くことが好き」と言える私が、本当に好きで良かった、と思えた出来事がありました。それは平成八年のことでした。

あるテレビ局から、色々な多岐にわたる願い事を叶えてくれる番組が放送されていました。その当時の私は、パッチワークに夢中で、針を手にしながらのテレビでしたが、その番組は、特に面白くて、興味深かったので、手を休めて観ていました。そのお陰で、願い事を叶えてほしい人は、応募、出来ることを知りました。

私は直ぐに、母の願いを叶えてやりたいと思いました。当時、八十歳代の母は、俳優の風間杜夫様の大ファンでした。ある時、母は、帰省した私に、大事そうに引き出しから取り出した、新聞を切り抜いた、数センチ四方の小さな写真を見せてくれました。そして、「この人、だ～い好き」と言ったのです。それを毎日、眺めている、とも。

私は、母の意外な一面にとても驚きました。私は未だかつて、熱烈なファンへの感情など抱いたことがないので、母の心情を推し量るには至りません。だが、当時の母は、食事時以外は、ひとりぼっちのような生活でしたので、そのような感情を抱ける母で良かったと思いました。そんな母を応援したくなりました。そして、東京へ戻ったら、直ぐに風間様のブロマイドを探して、送る約束をしました。しかし、数か所、当たってみましたが、ブロマイドは売られていませんでした。

そこで思い付いたのが、その番組にお願いすることでした。

私は有りのままを書いて、お願いの手紙を出しました。――このような訳で、ブロマイドを入手したい、と便箋二、三枚に書きました。

すると、数日して、採用の電話を頂けました。私の願いは、ただ一つ、ブロマイドの入手だけでしたのに、何と、風間様の写真を持参して、スタッフと私までもが母の許へ行くことになったのです。その思い掛けない展開に驚きました。そして、嬉しい反面、私もテレビに映ってしまうかと思うと、緊張感が走りました。でも、自分が蒔いた種ですから仕方がありません。何より母が、どんなに喜んでくれるかと思うと、自分の気持ちなど、どうであれ、気にしている場合ではありませんでした。

テレビ局からは、一つ釘をさされていました。「絶対に、行くことを内緒にしておいてください」と。多分、自然体での受けを狙ったのでしょうか。私は余計な心配をしていました。突然、行って、母の部屋が散らかってはいないか、と。

若い時の母は、きれいに掃除をしていましたが、老いてからは、余り掃除をしなくなっていました。私は帰省すると、いつも見兼ねて、大掃除をしていました。

私は内緒の約束を守って、指定された日時に、テレビ局へ参りました。最初に経緯に関してのインタビューがありました。その後、風間様が来店されていた、飲食店へ出向いての会話や写真撮影がありました。そこでも私にとっては、以外な展開がありました。風間様もご一緒に、母の許へ同行して頂けることになったのです。

当時、まだ存命だった夫は、後日、「前から同行は決まっていたことだよ」と言って、鈍い私を笑っていました。考えてみると、確かにそうだと思いました。売れっこで多忙な俳優さんが、急に予定の変更など難しいでしょうから。


二月末、まだ寒く、春の訪れが待ち遠しい東北へ、母を訪ねて参りました。総勢七、八人で、新幹線とチャーターしてあったと思われる小型バスで到着しました。急に驚かせては、高齢の身によくない、という配慮から、最初にお写真から、次にビデオ・メッセージを観て貰うことにしました。

スタッフが私の知らない間に、テレビの何処かを操作し、テレビ電話のようにしてあったのには、そんなことが可能なのだ、と驚いてしまいました。

バスの中から写した、テレビ画面に映った風間様を観た母は、身を乗り出して、真剣に受け答えをしていました。その後、周辺の風景を写して、風間様が直ぐ近くに来ていることを、分かってからの対面になりました。

手の込んだ行程を経たお陰で、母は心構えが出来た上で、無事に夢のような一時を迎えました。その喜びようは大変なものでした。

母の、人生において最大のような笑顔を見た私は、風間様とスタッフの皆様に対し、心底からの感謝の念でいっぱいになっていました。

私にとっても、夢のような一日でした。

母は九十歳で病に倒れる間際まで、その時のビデオを、飽きもせず、毎日、毎日、観ていたそうです。一日中、ひとりの時間が長かったので、そのビデオで寂しさを、紛れさせていたかも知れません。どうであれ、老いた母に、生きている喜びを与えてくださったものと思っています。

一通の手紙が、想定外の嬉しい出来事をもたらしてくれました。手紙（ペン）の力は凄い、と思いました。

若い頃には、こんな手紙も書きました。切っ掛けは、上司が職場にやって来たことからでした。話し合いの中で、私の残業時間が多いことに気付かれた上司が、「今度から残業代を付けます」と言ってくださいました。

その後、数か月が経っても、残業代を付けて貰えなかったので、私は手紙を書きました。

「――私の方から残業代を要求したのではございません。部長さんの方から残業代をお付けします、とおっしゃって頂きました。――どうなっているのでしょうか――」

すると、毎月、一万円付けて貰うことが出来ました。

このように金銭に絡む事柄は、口では言い出しづらいものです。特に話し下手にとっては、思いを十分に伝えられるか、電話をする前から、緊張し心配になります。

その点、手紙でしたら、順を追って、思いの丈を正直に吐露することが出来ます。

私にとっての手紙は、有り難い味方に思えてきます。

今の職場（パート）の店長さんへも手紙を書きました。

出勤の時間差で、滅多に店長さんと会えないこともありますが、たとえお会い出来たとしても、その時の心境を解って貰いたくて、手紙を選んだと思います。

お願い事の手紙を書きました。

「――私は今日まで、身長はどうにもならないことですから、小さくても望むこともなく諦めの心境でまいりました。だが、この職を得て、初めて身長がほしい、と思いました。――踏み台の数が足りませんので、探し回らなくてもよいように、数を増やして頂けませんか。どうぞ宜しくお願い致します」と。

すると、数日して、予想していた以上の踏台が、店内のあちこちに置いてありました。

私は驚きと同時に、とても、とても嬉しく有り難く思いました。

この気持ちは、私だけではなく、店内で働く皆さん方も同様だったと思います。

それまでは、牛乳などのケースを踏み台、代わりにしていました。それでは高さが足りずに、高い棚の品を下ろしたり、載せたりする時には、お仲間の男性にお願いするしかありませんでした。その都度とても気を遣っていました。今は、ほとんど人を頼ることなく作業が出来て、気持ち良く働けています。

私はこんな余計な計算もしていました。たとえ探し回っても、ほとんど手に入らない踏み台でしたが、その時間を一分として、一年間の合計をしてみました。

私の勤務は、月平均、十三日ですから、一か月では十三分間、踏み台探しに費やしたことになります。一年間では二時間三十六分になります。

現在は、大体、決まっている持ち場が終わるまでの作業になっていますが、当初は、ちょうど二時間の勤務でしたので、踏み台探しは、一日分以上していたことになります。

働き易い職場は、どんな職種であれ、当然効率アップに繋がるはずです。

私はこんな時にも手紙やハガキを書いています。電話をしても、直ぐに返事（返答）を頂けないような内容の時や、相手がいつも多忙な時には、前もって手紙で伝えてから、後日、電話をさせて頂きます。と記しています。

口下手な私にとっては、書くことの方が楽な作業になります。それに、後日の電話での会話がスムーズに運び助かります。

私は今日まで、親、きょうだい、甥や姪、恩師、友人、知人へと沢山の手紙を書いてきました。

この頃は、手紙よりもハガキを書くことが多くなりました。歳のせいか、気構えて書き出す手紙よりも、短い前文から入って、気軽に書き出せるハガキの方へ、手が伸びてしまいます。

私には、まだ一度も会ったことのない、女性のペンフレンドが二人おります。ある本が切っ掛けで始まった文通ですが、約二十年も続いています。当初は頻繁に文通をしていました。この頃は減ってはきましたが、心の繋がりを感じているからでしょうか、お互い忘れた頃にハガキを出し合っています。

ある時、一つ歳上のペンフレンドが、私の出したハガキの行数が、十九行もありましたよ、と記して十八行のハガキをくださいました。それ以来、私は書き上がったハガキの行数を数えてみるようになりました。

今までに書いた最高の行数は、二十三行でした。書こうと思えば書けるものです。それだけに、文字はとても小さくなります。試したがりの私は、書き上がったハガキの文字に、米粒を当ててみました。すると、漢字は米粒の大きさ、平仮名は約半分の大きさでした。

もしやすると、ハガキ一枚に、便箋二、三枚分の文字数を書いているかも知れません。

ハガキに対して、こんなに沢山、書かせてくれて有難う。と言って投函したくなります。

私が手紙らしい手紙を初めて書いたのは、確か中学三年生の時でした。相手は、同学年の女性で、遠方の方でした。切っ掛けは、雑誌の文通コーナーに、その方が、文通の相手を募っていたことからでした。

何度と文通を交わした後に、高校三年生の時には、先方が春休みに、私は夏休みに、それぞれの家へ、泊り掛けで会うまでに交流が深まっていました。

結婚後は、お互いに生活に追われて、自然と疎遠になってしまいましたが、人生の半ばになって、生活にゆとりが持てるようになった頃に、私の方から年賀状を出してみました。

すると、こんなエピソードがありました。同姓の多い集落であるために、間違って他家へ配達されてしまいました。その後、何件もの家を巡って辿り着いたそうです。

それ以来、毎年、年賀状の遣り取りをしていました。現在は、私が年賀状を書かない主義に転向しましたので、文字をいっぱい書いた寒中見舞いを出しています。

また、先方が所用で上京した折りには、一緒にはとバスでの東京見物を楽しみました。

思い掛けない地方の方と、このような交流が持てているのは、手紙を書いた結果でした。書く習慣も運動と同じように、若い時から身に付けてこそ、老いても抵抗なく続けられるのだと思います。

私には手紙やハガキを書く以外にも、趣味の一つと言える書くことがあります。それは、毎日、朝一番の楽しみでもある新聞の投書欄への投稿です。

書く内容の糸口は、社会問題への疑問に始まります。そして、じゃあどうすれば良いのか、と考えた時にペンを執りたくなります。ごく自然に原稿用紙に向かっています。三十歳代から今日まで続けています。最近は若い時と違って、掲載される確率が低下して、自然と投稿の回数が減ってきましたが、気の向くままに続けています。たとえ、掲載されなくても、原稿用紙に向かって集中し、文章を組み立てる作業は、呆け防止に繋がっていると思いますので、落ち込まずに済んでいます。

そして、何よりも、心に湧きあがったモヤモヤとした気持ちを、吐き出せる場があることが、私にとっては有り難いことです。生涯ペンを執り続けたいと思っています。

✿花を楽しむ・道中を楽しむ

「小さな盛り花」

最近、私はちょっとしたストレス解消法を見付けました。
それは、園芸店へ足を運び、一鉢、一鉢を、じっくりと見て回ることです。たまたま、嫌なことがあって、落ち込んでいる時に出掛けたからでしょうか。いつの間にか何もかも忘れて、花に見惚れている自分に気付かされました。草花や野菜の苗などを、品定めをして買うのも楽しみです。ささやかな夢が膨らみ、浮き浮きしてくるのを感じます。

その店までは、徒歩二十五分ぐらいですが、私は、その道中の景色も楽しんでいます。途中の橋からの眺めが一番のお気に入りです。川幅は十数メートルぐらしかありませんが、両側が遊歩道になっています。そこを歩きながらの眺めも楽しめますが、高い位置にある橋からの眺めが大好きです。

橋の長さは七十四メートルもありますので、何度と足を止めて、天から地へと目を移し、大パノラマを清々しい気持ちで眺めています。

ある時、私はその橋の上で四十歳代ぐらいの女性に、声を掛けられたことがありました。その女性は、わざわざ自転車を止めて、「どうされましたか」と。

遠くの景色を楽しんでいたはずの私でしたが、その姿は、他人から見ると、川に飛び込む風にでも感じられたのでしょうか。私は一瞬、エッ？　と思いましたが、笑顔で答えました。「景色を眺めていました」と。

女性は、安心したかのように、自転車を発進させました。私は女性の背に向って、「有難うございました」と見送りました。

その後で、色々と考えさせられました。そのようにして、他人に気配りの出来る女性は、きっと、誰に対しても思い遣りの心を持った優しい方なのでしょう。

女性に声を掛けられたのは､夕方のことでした。家路を急ぐ人が多い中で､立ち止まっている私の姿が異常に写ったのかも知れませんが、他の時間帯に通っても、私のように橋の上で足を止め、景色を眺めている人に出会ったことがないことに気付きました。

でも、何と勿体ないことでしょう。刻々と変化する空の眺めは、二度と同じ光景は見られません。そう思うと目を凝らして眺めてしまいます。特に夕焼け空が大好きです。

空から下へと目を移すと、橋の程良い高さならではの、絵になる景色を見ることが出来ます。公園の木々の緑。建ち並ぶ様々な建築物。その向こうには、スカイツリーが見えます。明かりが灯ると、何故か励ましのメッセージを送られた気分になるのが不思議です。

川面に目を落とすと、水鳥の姿や、勢いよくジャンプする魚の姿を見ることが出来ます。次のジャンプを期待して、キョロキョロ見ていると、刻を忘れてしまいます。

魚のジャンプする姿を見た時には、何故か縁起が良いのでは、と勝手に思ってしまいます。ちょっとおかしな心情です。誰かに聞いた訳でもないのに。

園芸店で十分に楽しんだ後は、数鉢の草花を買って帰ります。それをプランターに植え替えていると、土の感触が心地良く、心が癒やされます。

幼い頃から農作業を手伝って育ったからでしょうか。手袋をせずに土いじりを楽しんでいます。

その楽しみには続きが待っています。育った草花を、部屋のあちこちに飾ることです。

あちこちと言っても、マンション住まいには限りがあります。一番に飾りたい場所は、常に居ることの多い居間ですが、日当りの良い居間には、観葉植物たちが、特等席はワタシのものよ、と言わんばかりに、はびこっています。居間は、とっくに諦めの場所になってしまいました。

いつも、寝室にある仏壇の花から活け始めます。少し前までは、仏花は必ず買うもの、と思っていましたが、かって、義姉が、家で育てた花を飾ると、「仏様が喜ぶ」と言っていたことを思い出して、最近は次々と開花するゼラニウムを活けることが多くなりました。

今は赤、白、ピンク系の六鉢が、競うように年中、咲き誇っています。私は小声で「くださいね、くださいね」と声を掛けながら鋏を入れています。

花に添える葉ものは、やはりベランダ育ちのオリヅルランやドクダミが主ですが、時には室内育ちのポトスも役立っています。

また、パセリやプランターいっぱいに根を張るミントも、立派に役を成してくれます。葉ものも、いつの間にか次々と繋っていて嬉しくなります。

ところで、我が家の植物たちは、無農薬、無肥料です。唯一、与える物は米の研ぎ汁です。それだけで十分であるかのように、見事に花を咲かせてくれます。

次に花を飾るのは玄関です。以前はフリー・マーケットで一目惚れした、環状で活け口が二つある変わった器に活けていましたが、家族の不注意で何度か倒されたり、地震の心配もあって、その花器の使用は諦めました。

この頃は小さい一輪挿しを、二つ並べたりして小さな花の世界を楽しんでいます。

次の場所はトイレです。トイレの中には夫が残してくれた、手造りの小さなトイレットペーパー入れがあります。木製でペーパーが六個入ります。その目隠しは私の手作りです。パッチワークの残り布を沢山、接いだものが掛けてあります。

そのペーパー入れの上に花を飾ります。それこそ、小さな一輪挿しがちょうどマッチする場所です。日に何度と目にする大切な場所です。

私は結婚をした時から、何処へ越してもトイレには、必ず花を飾ってきました。当たり前として。

トイレに花を飾ることには、意味があると思っています。花を飾っておきながら、トイレの中が汚れていたのでは、不自然です。花を飾ることは、トイレの中をきれいにすることに繋がることと捉えています。

トイレの花のことで、忘れられない失敗談を思い出しました。三十歳代の頃でした。団地住まいの我が家に、目の不自由な方が泊まることになりました。さあ、トイレには何の花を、と思案しました。そして、思い付いたのが、香りの強い花を活けることでした。香りで花を感じて頂こうと思ったのです。

団地内の小さな花屋さんで、目に付いたのが、フリージアの花でした。生け花の教室で知りつくした、香り高い花でした。迷うことなく、にんまりとして買って帰ると、直ぐに活けました。置き場所は、水槽タンクの上でした。

花器は、高さが十三センチ、底辺が七センチ、活け口は五センチの一輪挿しでした。口が広いので活け易く、よく使用する器でした。

だが、置き場所を完全に間違いました。そのお客様は、水洗の手元を探していて、花器を床に落下させてしまいました。

それを知った私は、ガーンと頭を殴られる程の衝撃を受けました。

それまでの私は、目の不自由なことが、どのようなものなのか、考えも、想像もしたことがありませんでした。後悔の念でいっぱいになりました。何とも愚かでした。花器は床の隅にでも置けばよかったのです。

お客様には、余計な気遣いをさせてしまいました。生涯、忘れることが出来ません。

何よりも、フリージアの花が生き証人でもあるかのように、花の季節を迎えると、思い出させてくれます。


さて、次に花を活ける場所は食卓です。

場所を取って、不便を感じてまで花を飾りたくないので、邪魔にならない程度に、と心掛けています。

以前は小さな一輪挿しや、しゃれた空き瓶に活けていましたが、ステンドグラスで出来た小物入れ（縦八センチ、横二十五センチ、高さ二センチ）を手に入れてからは、それを受け皿にして、爪楊枝入れ二種、二つを使って一対と見立て、小さな盛り花を楽しんでいます。不思議なことに、沢山の花より、少ない、小さな花には語り掛けたくなります。この爪楊枝入れには、パセリやミントの小枝がよく似合います。

邪魔にならない、このスタイルを何年も続けています。

最後に、もう一か所、活ける場所があります。残りの花や、前回の下げた花の中に、元気そうで捨てるには勿体ない花を大事にして、台所でいつも包丁を手にする、目の前に飾ります。要するに、勿体ない花たちの集合場所になります。

この一連のささやかな花飾りが終わると、ホッとして、清々しい気分になります。この一時が大好きです。心が穏やかになれます。


時には、街路樹の剪定で切り取られた枝を、頂戴して飾ることがあります。たいがいが大振りな枝ですから、部屋では邪魔になってしまうので、トイレの隅に飾ります。狭いトイレなれども、緑が沢山あると嬉しくなります。

ある時、マンションの敷地内で、理事長さんがカポックの枝を沢山、切り落していました。運良く通り掛かり、両手いっぱい頂戴しました。そこへマンション内の奥さんが、通り掛かりました。すると、

「それ、どうするんですか」

「飾ります」

「何処へですか」

「トイレです」と。

その奥さんは、終始「へーえー」と驚きのご様子でした。

理事長さんが、「これがいい」と差し出してくれた枝は、一メートルもありました。それはトイレの隅に活けました。他の短い枝は、玄関にわんさと活けました。残りの極小さい枝は、台所の所定の場所へと、無駄なく活けました。何と心地良いことでしょう。マンション内に居ながらにして、沢山の緑を目に出来るなんて、と思うと本当に嬉しくなります。ワクワクしてきます。

その後で、私はひとりで笑ってしまうようなことがありました。

トイレにカポックの枝を活けてから、二時間後ぐらいに、私は普段どおりにトイレの扉を開けました。すると、沢山の緑が覆いかぶさるように目に飛び込んできて、ギョッとし、一瞬、身を反らしたのです。

自分が活けて置きながら、と思うと、おかしくて、おかしくてたまりませんでした。

そのカポックは、一か月ぐらい我が家で過ごして〝逝〟きました。

わんさと活けただけに、枯れ枝を全部、除いてしまうと、その後の空間に寂しさを覚えました。また、生き生きとした緑の葉が、人の心をいかに癒やしてくれるかを、改めて実感することが出来ました。

カポックに感謝、でした。

話が逸れてしまいましたが、園芸店への途中には、もう一つの楽しみがあります。通りには数種の街路樹を見ることが出来ますが、私はその中でもプラタナスの樹を見るのが大好きです。

プラタナスの樹肌模様に気付き、興味を持ったのは、六十歳頃のことです。唯一の運動であるウォーキングをしている時でした。何気なく見たプラタナスの樹皮の一部に、犬の形をはっきり見て取れてからでした。

まるで人が手描きしたような、犬の形にとても驚きました。それ以来、私はプラタナスの樹の前を、素通り出来なくなり必ず立ち止まって、樹肌を見て楽しむようになりました。すると、犬の形以外にも、他の動物や人間の姿や顔形に、よく似た樹皮があり、偶然の不思議さを感じてしまいます。

プラタナスのどの樹にも、必ずと言えるぐらいに、記憶の中の具体を見つけることが出来ます。一本の樹から一つの物語が浮んできそうです。

どの種の樹木もよく見ると、樹皮がそれぞれに特徴を持った形ではがれ落ち、模様のように見えますが、それらは描象的で、プラタナスの樹皮のように、はっきりとした具体を見付けるのは困難です。視野を広げて見ればあるのかも知れませんが。

私は、プラタナスの樹皮に興味を持って以来、他の樹木にも目を向けるようになりました。

その他の樹木たちに向って、「あなた方はどうして地味な衣装をまとっているのですか」と尋ねても、無言のようですが、目立つ斑模様をまとったプラタナスは、「私たちは皆、おしゃれが大好きで擬態を楽しんでいるのです。でも、残念ながら、人間には気付いて貰えないのが寂しいわ」と言っているような気がします。

私は今日まで、立ち止まってプラタナスの樹肌を見ている人に出会ったことがありません。私にとっては、それも不思議でなりません。私は心躍らせて見ているのですが。

本当にささやかな、感動、喜びですが、楽しい気分は、脳の活性化に役立っているのでは、と思えてきます。

私はとても安上がりの人間のようです。無償で樹木から楽しみを得て喜んでいるのですから。

❀化粧――二十歳で決めたこと

その時、私はまだ二十歳でした。姉の嫁ぎ先へ向う電車内でのことでした。夕方、ちょうどラッシュの時間帯で、吊り革に掴まり、目の行き所は、目の前の人になってしまい、上から目線で、高齢の女性を見ていました。まず化粧の厚さに驚きました。それまで目にしたことない程でした。厚塗りのファンデーションで皺がはっきりと深く、浮んで見えました。眉もアイラインもしっかり引かれて、真っ赤な口紅。どこから見ても人目を引くであろう存在でした。

その当時、まだ化粧とは無縁の私でしたが、その女性が一生懸命、老いに抵抗をして、痛々しい姿に写っていました。決して美しいとは見えず、虚しさを感じてなりませんでした。

その時、私は未来の自分に向って、決意をしていました。「老いたら、化粧は薄化粧にしよう」と。

私は化粧には無関心でした。初めて、とりあえず口紅を付けたのは、友人の結婚式に招かれた二十三歳の時でした。化粧らしいことをし始めたのは、二十五歳になってからでした。それは、他人から「化粧ぐらいしたら」と忠告されてのことでした。

その頃に、化粧品のセールスマンに、化粧の仕方を基礎から教えて頂きました。沢山の種類の化粧品を塗りたくられ、鏡に映った自分の顔を見てビックリ。まるで〝別人〟が映っていました。その場所は職場で、昼の休憩時間でのことでした。午後、そのままの〝別人〟の顔では、いたくないので、セールスマンが帰った後で、直ぐに洗顔してしまいホッとしました。そして私は、変化を好まない人間なのだ、と悟りました。

そのようなことがあって、化粧をし始めても、薄化粧で手早く済ませていました。

ある時、化粧をしたはずなのに、他人から化粧をしているの？　と尋ねられて、驚いたことがありました。薄化粧は、ずっと継続していました。中学生だった息子には、「お母さんは化粧しても、しなくても同じだよ」と言われたこともありました。いずれも、いかに薄化粧だったかを物語っています。

そうさせてきた根底には、美容に関しての無頓着や面倒がる性格があってのこと、と自己分析しています。

一時は、脳裏から離れていた、車内で見掛けた老女の姿でしたが、六十五歳ごろになると、顔の皺が気になってきて、あの光景が蘇ってきました。そして、二十歳での決意を思い出しました。要するに、化粧品の引き算をする時を迎えたのです。私は当時を思い出しファンデーションを引き、塗らないことにしました。そう決めて実行してみると、短時間で済みますし、その後の洗顔も手間が掛かりませんので、もっと早くから実行すべきだったと後悔してしまいました。

当然、現在も同じようにして、約五分で済ます薄化粧に徹しています。

そのぐらいですから、顔のマッサージなど一度もしたことがありません。第一に無精者だからですが、私にはマッサージに対して、素人なりの想像力が働いていました。果たして、柔らかい顔の皮膚が、ゴネゴネと押されたり、引っぱられたり、ペタペタ叩かれたりして喜んでいるだろうか、余計に皺が増えてしまうのではないのか、と。

この素人判断が当たっていたことを、数年前のテレビ番組で知り、とても嬉しく思いました。ある医師が「マッサージをすると、余計に皺が出来やすい」と話していたのです。

私には、美容に関して、ずっと思い続けていることがあります。

「十代、二十代は若さだけで十分美しいのですから、化粧に無駄な時間とお金を掛けなくてもよいのでは」と。

気になるマナーもあります。電車内での化粧です。見ている方が恥ずかしくなるような場面に出会ったこともあります。

目の前の席では、沢山の男性客も見ていたはずですが、若い女性が、まるで自宅でもあるかのように、堂々と大き目の鏡を膝の上に載せて、化粧を始めました。一から一通り済ませて、終りかと思いきや、私には名前も知らない器具を取り出して、上目ぶたに当て、二重目ぶたまで〝完成〟させたのです。

ハラハラ、ドキドキの一場面でした。隣に一緒にいた姉が、いたたまれずの果てからか、私の耳元で「ブスに限って！」と囁きました。

それは何年も前のことですが、あの光景と姉の言葉は忘れることが出来ません。

外国のことは知りませんが、外国人に、日本女性の恥を晒してはいないか、余計な心配をしてしまいます。

美しい、心の化粧こそが大事だと思います。自然と顔に表れるのですから。

❀連れ合いを亡くして

「残された者の在り方は」

私は、思い掛けない出会いがあって、連れ合いを亡くした者の心の有り様を、真剣に考える機会がありました。

それは令和元年の初夏のことでした。私はデパートで、亡き夫の知人に、ばったり会いました。

しばらく立ち話しをしていましたが、近くに椅子があったので、腰を下ろして会話をすることになりました。

その方の奥様には、長年の持病があると聞かされていたので、私は真っ先に「奥様はお元気ですか」と尋ねました。すると、「二か月前に亡くなりました」とのことでした。

急なことなので、私は言葉に詰まってしまいました。相手の方が女性でしたら、自分の経験から、自然に湧き出る言葉を話せますが、男性には、何をどう話せばよいのか迷いました。

その内に、その方が、どのぐらいして夫の死を、乗り越えられたか、と言うようなことを尋ねられました。私は、思い掛けない問いに対して、余り涙が出なくなってきた頃を思い出して応えました。

「五年、確か五年ぐらいでした」すると、

「えーー、五年、八十五歳になってしまう」と落胆されたご様子でした。

私は悪い数字を言ってしまった気がして、「三年かも知れません。人それぞれだと思います」と。


そんな出会いがあって、私は、連れ合いを亡くした者は、どうあるべきか、どうしたなら元気で生きて行けるか、真剣に考えさせられました。

私は、その方と会った後、朝、目を覚ますと、今頃、私がそうであったように、目が覚めて、真っ先に、妻の居ない喪失感に襲われて、一日の中でもっとも辛い一時を迎えておられるのでは、と思い、かつての自分と重ね合わせていました。

当時、私はずっと眠り続けて、夫の死を意識せずにいられたなら、どんなに楽かと思っていました。希望の朝であるはずなのに、逆向きの朝を迎えていました。夕方は夕方で、「只今！」と帰って来る夫が居ないのだ、と思いながらカーテンを締める時が、とても悲しく、涙が溢れていました。

後日、私はその方へハガキを書きました。本当でしたら、丁寧に手紙にすべきでしたが、気軽に受け取って頂ける方を選びました。

『――――、――――

確かに五年は長過ぎると思います。男性と女性とでも違ってくると思います。また、今どう生きているかにも因ると思います。

三年、いや一年を目指して、頑張ってくださいませ。

奥様が喜んで安心して〝見て〟いられますように、まずは健康第一で、楽しいことをいっぱい見付けて、悲しみに背を向けて、前進なさってくださいませ。

お元気でありますよう、念じております。』

と、したためました。私は深い悲しみのトンネルから、抜け出せたから言えるのかも知れませんが、残された者は、いつまでも亡き人の存在を、心の中心に置いて暮らしていては、前に進めないと思います。

朝、目を覚ました時に「今、どうしてるかな、会いたいな」と思う人が、心の中心に住んで居たなら、一日の始まりを楽しい気分で迎えられることでしょう。

その思う人とは、人それぞれであって、それまでの生き方によって違ってくるはずです。

芸能人や有名人を熱烈に思う人もおられることでしょう。

私の母は、芸能人を熱烈に思う人でした。老いた母にとって、それが生き甲斐のように見えました。毎日、その芸能人のテレビやビデオを観て、楽しそうに暮らしていました。

私たちきょうだいは、母を案じることなく、安心感を得ることが出来ていました。本当に有り難いことでした。

その思う心が、心の持ちようが、悲しみを遠ざけ、自ずと心に温もりを抱かせてくれるのではないでしょうか。そのことによって、短かい年月で悲しみから抜け出せそうに思うのですが。

また、こうも考えます。他人の存在を頼ることなく、夢中になれる仕事を持つことも、悲しみを忘れさせ、強く生きられるのではないでしょうか。

私は夫を亡くして、真っ先に思ったことがあります。「ああ、真剣に打ち込める仕事を持っていれば良かった、悲しみから逃れられるのに」と。

私が仕事に就いたのは、夫を亡くして二年後のことでした。それまでの二年間は、計画をしていたことの実現のために、多忙に過ごしていました。それでも涙の乾くことはありませんでした。

品出しの仕事に就いて、最初の日のことを思い出します。

「こうして働いていたら、悲しみから逃れられるわ」と思ったとたんに、涙が溢れてしまいました。さいわい目の前に人の姿はなく、陳列棚が相手でしたので助かりました。必死で涙を堪えて手を動かしていました。

とにかく、仕事を覚えることに専念している内に、何もかも忘れて自然と涙が乾いていました。その時の心境は生涯、忘れないことでしょう。今となっては良き思い出となりました。

確かに仕事中は、亡き夫の存在を忘れさせてくれました。たとえ、それが数時間の一時であっても、その積み重ねが出来る場があることは有り難いことでした。そして、今日まで、この年齢まで働き続けられたのは、私の性格に合った職種であって、苦と思わずに楽しく働けていること。職場の皆様が親切で優しく接してくださることが挙げられます。また、何より一番に大事なことがありました。それは、雇ってくださった、店長さんの見立てどおりに、元気で何事もなくこられたことです。

お陰様で、短期間で夫の死という悲しみのトンネルから抜け出せたものと、確信しております。

✿大腸ポリープ・内視鏡検査

「嬉しかった誤診」

嬉しい誤算と耳にしたことがありますが、私には嬉しい誤診がありました。

その段階に至るまでには、前日からの準備がありました。食事制限があり、当日は朝食抜きで病院へ行き、朝から「腸管洗浄液」を二リットル内服し、更に便が全て出し切った状態になるまで、多量の水を飲まなければならないものでした。


掛かり付けの病院で、毎年受ける健康診断時に、大腸癌の検査も受けました。

その結果、便に血液が見られたので、大腸の精密検査を受けるように指示されました。

その時の私には、もしやして、との思いがありました。固い便の時に、わずかな血液を見ることが、たまにありましたので、それを思い出していました。

でも、自己判断が出来るものではないし、心配でもあるので、早速、少し離れた大きい病院で、内視鏡検査を受けることにしました。

十六年前にも癌を凝い、内視鏡検査を受けた同じ病院でした。そこでは苦い思い出がありました。腸内を空にするための準備に、とても時間が掛かったことです。当時は便秘症であったことも影響してか人一倍、時間が掛ってしまいました。

現在は便秘症ではないので、スムーズにいくかと思っていました。だが、「腸管洗浄液」二リットルの他に、水を二リットル飲んで、やっと、腸内がきれいな状態になりました。その間には、看護師さんに何度も便の状態を見て頂いたり、持参した水では足りなくて、何度も頂いたり、とご迷惑を掛けてしまいました。検査の結果は二週間後とのことでした。

二週間後、私は楽観と悲観の入り混じった複雑な気持ちを抱きつつ、病院の待合室に居ました。いつの時も、私は退屈するのが、嫌でたまらないので、何かしらの読みものを持参しますが、その時は上の空で同じページに目を落していました。無駄な読書は止めて、電光掲示板に目をやり、自分の番号を待っていました。

医師の氏名も表示されていますが、最初に訪れた時から、私は医師の名に嬉しいものを感じていました。私が名付けた実家の甥と同じだったのです。当時、高校生だった私は、大人達に交じって、沢山の名が挙った中で、強く言い張っていました。今になって思うと、大人達が根負けしての結果だったのかも知れません。

いよいよ番が回って来て、診察室へ入りました。ご年配の医師は、早速、腸内の画像を示し、説明してくださいました。その結果、十三ミリ程のポリープが見つかりました、とのことでした。

私が「何処にですか」と尋ねると、ここと言って示してくださいましたが、私にはさっぱり分からない画面でした。第一にポリープなる物体を目にしたことがありませんので無理なことでした。

デコボコ、クニャクニャした腸内は、迷路で道に迷い込んだ感覚でした。

私が思い描いていたポリープは、大きさは様々だが、球状で誰の目にも分かるものでした。

どうであれ、癌になる恐れのあるものは、潔く切除すべきですから、話し合いの結果、二十日後に切除することに決めました。

診察室を出て後、当日の説明を受けるために、待ち合い室で待たされました。その間の私は、確認することが出来なかったポリープの画像を、再度、見せて頂きたい気持ちでいっぱいでした。医師は次の患者を診ていたし、再度、画像を見せて頂きたい、などと言ったら、医師は不愉快でしょうし、などとはがゆい気持ちを抱いていました。

一度目の検査のための内視鏡検査では、前日の検査食を断り、注意点を守っての自分の手料理でしたので、看護師から、今度受ける時には、検査食にした方が、早く腸をきれいに出来ますよ、と説明されていたので、その検査食を受け取り、一日入院のための説明を受けて帰宅しました。

一日入院の前日、検査食の朝食は、鶏肉と卵の雑炊でした。水分が多く、とても薄味でした。私の料理は塩分が多過ぎるのでは、と反省させられました。

昼食は、大根とじゃがいもの鶏そぼろあんかけと白がゆでした。いかにも病人食らしい量と薄味でした。

夕食は、煮込みハンバーグと白がゆでした。ハンバーグのソースのこってり感で、少々、食べごたえを感じました。

三食を食べてみて、これからの食事量を少し減らしてもよいのでは、と見直す切っ掛けとなりました。

夜八時には、渡された下剤を内服しました。

自宅での準備は全て整って、当日の朝を迎えました。コップ一杯の水だけを飲んで、病院へ決められた八時三十分に参りました。

まず、ＰＣＲの検査を受けてから、病棟へ参りました。

前の説明の時に、部屋の予約がありました。何人部屋を希望されますか、と尋ねられて、私は直ぐに思いました。コロナ下で旅行をしていないので、この際、旅行気分で個室にしようと。その時の説明では、コロナの影響で個室が取れるどうか分かりませんが、とのことでしたが、運良く個室へ入ることが叶いました。旅行気分にしては、狭い空の下には建物の屋根の風景で残念でしたが、どちらにしても、眺めていられる時間などありませんでした。

直ぐにパジャマに着替えて、早速、腸管洗浄液二リットルを、時間を掛けて内服することになりました。その後は、持参した水を七百ミリリットル飲みました。

その間に何度もトイレに行っては、一から五段階の便の色を示した、写真の指標と見比べて、五段回の色（白に近い茶色がかった）になるのを待ちました。

今回は、前回より水の量千三百ミリリットル少なくて、腸をきれいにすることが出来ました。やはり検査食のお陰だと思いました。これでしたら、前回の説明時に、検査食の利点を分かり易く説明してほしかった、と思いました。

私が前回お断りしたのは、何となく美味しくないのでは、と勝手に思ったからでした。


準備が整えられ、ポリープを切除する段階になりました。私は画面に映された自分の腸内を、まるで地底の探検でもしているかのような気分で、目を凝らして見ていました。

複雑な地底を、行ったり来たりと丁寧に見て回り、ポリープと言う〝宝物〟を探がしました。だが、どうしても見つけることが出来ませんでした。探検は断念し終わりました。

人によっては〝宝物〟を見たかった、手に入れたかった、と残念がるかも知れませんが、私はホッとし、嬉しくなると同時に、最初の便の検査の時点から感じていた勘が当たって、余計に嬉しくなりました。

このような経験は、そうないことですから、長い人生の途中に、貴重な一ページを加えることになりました。

そして、逆にポリープが存在するのに、無いと誤診されるより、ラッキーなことでした。

どちらにせよ、真剣に接して頂いた医師と看護師の皆様には、感謝の気持ちでいっぱいでした。

これらは、七十九歳の時のことでした。

❀新型コロナウイルス

「考えさせられたこと」「握手は」

新型コロナウイルス感染が、世界中の人々に、計り知れない大打撃を与えることを、誰か予想することが出来たでしょうか。

但し、目には見えないウイルスの恐怖は、誰しもが味わったことでしょう。でも、その受け止め方には、温度差があることに気付きました。十人十色ですから、当然かも知れませんが。

多くの方が外出自粛を余儀なくされる中、また、感染するのが怖くて、仕事を休む方がいる中、私はパートを休まずに続けていました。雇って頂いた時に決意した、「休まない」が根底にあったことは確かでしたが、さほど恐れずに出勤することが出来たのは、ある医師の言葉がありました。

「むやみやたらに怖がる必要はありません。正しく怖がって下さい」と、テレビで語っておられました。私は頷いて聞いていていました。

第一、私の仕事は接客ではありません、品出しですから、医師の言葉を素直に受け止めることが出来たのだと思います。

感染者数が増えてきた四月に入っても、私は平常心で決まった日に、普通に出勤していました。しかし、同じ時間帯に働くお仲間が、感染を怖れて、一人、二人と休みに入りました。気付いた時には、五人中、三人が長期の休みに入っていました。何日かして、そのことを知った私は、ちょっと驚き、考えさせられました。

同じ事柄に対して、捉え方によっては、そうも判断が違ってくるのだ、と単純な私は改めて思い知らされました。同時に余計な考えをしてしまいました。

この世は、それぞれに違った考えがあって成り立っているのだ、と。

もし、残りの私たち二人も、同様に感染を怖れて、長期に休んでしまったなら、三人の欠員だけでも、社員の皆さんに負担が掛かっているのに、より大きな負担を強いることになったはずです。

私は出勤することで、平常の生活が出来ていました。お陰で心身共に健康で過ごせました。高齢でも仕事に就いていて、本当に良かったと、心から思いました。

その一方で、新型コロナウイルス感染者数と死者数のニュースには、心が痛みました。夜のニュース番組に一喜一憂する毎日でした。

悪い数字を観ては、深刻に受け止め、憂いている自分に対して、老いの身に良いはずがない、と意識しながら観ていました。


新型コロナウイルス感染から、皆が等しく学んだことは、手洗いの大切さだったと思います。感染の流行が去った後も、手洗いの習慣は定着することでしょう。そう願いたいです。

私は数年前、手洗いに関してとても驚いたことがあります。それは、ある美術館でのことでした。

トイレで用を済ませて、手を洗っていると、直ぐ後に若い女性が、手を洗わずに立ち去りました。その後、休憩所へと向うと、その女性は母親と思われる方から、その洗わない手で、赤ちゃんを受け取っていました。

私にとっては、とてもとても信じられない光景でした。あの女性は、今回の新型コロナ感染症予防対策に耳を傾け、手洗いに目覚めたことでしょう、きっと。

公衆トイレでは、他にも気になる光景を度々、見てきました。手にハンドソープも付けずに、サッと水を掛け洗う真似？　には、疑問を抱いてしまいます。トイレという場所を、どう捉えているのでしょう。その方たちは、家庭や学校で衛生に関しての教育を受けてこなかったのでしょうか。

私は中学生の時に、朝礼で校長先生から受けた教育を思い出します。

確か、次のような内容でした。

「大便をした時に、ちり紙○十枚重ねて拭いても、バイ菌は手に付いています。だから、しっかり手を洗って下さい」と。

ちり紙の枚数は忘れてしまいましたが、枚数の多さに驚いたことを覚えています。

当時は食中毒が心配で、分かり易く説明されたのだと思います。

それ以来、目には見えないバイ菌の存在を、意識するようになったのは確かでした。

でも、今のようにウイルスという言葉を耳にすることもなく、社会全体が緩やかで、緊張感など抱かずに過ごせていました。その点では良き時代でした。

今はトイレでの手洗いは勿論のこと、その他あらゆる物に触れた手に神経を遣い、入念に洗わなければなりません。

私は品出しの仕事をしていますが、フッと思うことがあります。この食品は家庭の食卓に載るまでに、何人の手を経てくるのでしょう、それこそ目には見えない雑菌が沢山、付着しているのでは、と。

そう考えただけでも、手洗いは、いかに大切なことかを、お分かり頂けると思います。


私は誰かに、日本人に生まれて良かったことを、幾つか挙てみて、と問われたなら、その中の一つに、日本式の挨拶を挙げます。

私は少々、神経質なところがあり、他人と握手での挨拶をしたりしたなら、その手を洗うまで、気になって仕方がありません。

そんな私ですが、忘れられない握手が二度ありました。一度目は四十歳代の時でした。相手方に不幸があって、その方のお母様に初めてお会いした時のことでした。

本当にごく自然に、お互が同時に両手を出し握り合い、挨拶を交わしました。

それまでの自分には、考えられない驚きの行動でした。その後、私は自分の心に問うようにして、どうして握手が出来たのか、考えていました。

〝本当に悲しい時、相手の気持ちを思う時には、人間であるなら、それは自然な行動なのでは〟と思い至りました。

二度目の握手は、六十歳代の時でした。いつもの夕方のウォーキングに出掛ける時のことでした。大通りに出て、今日は何処を歩こうかな、と決め兼ねている時でした。四・五十歳代の中国人、女性が、千葉県内の駅名を書いた紙を見せて、エキ、ドコと尋ねられました。そこへ行くために乗車する駅を探していたのでした。私はタイミングの良さに、神様が居た！　と思いながら、言葉が通じないのでは、と思いながらも、「これから運動のために歩きますので、ご一緒します」と歩き出しました。

約二十分の道のりですが、その間に三度ほど、その駅名を書いた紙を見せていました。その度に「大丈夫です」と伝えましたが、女性にとっては、自分の意思が、私に通じていないのでは？　と心配でたまらない様子に見えました。ずっと強張った表情を浮べていたので、どんなにか心細い思いで歩いていたのでしょう。

お互に意思の疎通が出来ていない状態のまま歩き続けて、やがて目的の駅近くになると、通過する電車が見えてきました。すると、女性の表情が一変して、明るく笑みを浮べました。そして、駅に到着すると、「シェイ、シェイ」と言って、両手を差し出してきました。私もごく自然に両手を出して、握手を交わしました。その後、構内の雑踏に紛れ去る女性の後ろ姿に向って、無事を願い、駅を後にしました。お役に立てて、本当に良かったと思いつつ……。

一度目は悲しい時に、二度目は嬉しい時の握手でした。改めて、私なりに考えてみました。握手は、本心からの叫びを、手を通して伝える手段なのでは？　と。でも見ていて、どれだけのお互いの本心なのか、と疑問に思う握手も見掛けます。それは、選挙運動の時です。

一票のお願いの握手は、一方的であり、相手の心次第では、不愉快にもなります。私は新型コロナウイルスが流行する前から、選挙運動での次から次へと、他人の手を握る光景が気になって仕方がありませんでした。

時には幼児の手まで握っているのを見ては、その手で物を食べたりしないかと心配になっていました。

これからは「新しい生活様式」の一つとして、握手の場面は減ってくることでしょう。

日本人にとっての握手は、外国人の挨拶の握手とは、意味が違うのでは、と思っているので、つい余計なことを記してしまいました。

❀母からのプレゼントに感謝

「丈夫な身体」「黒髪」

母は九十歳で病に倒れるまで、長患いをすることもなく、とても丈夫な身体の持ち主でした。

高齢者が転倒すると、骨折をすることが多々ありますが、母は庭や風呂場で何度か、つまずいて転倒することがありましたが、一度も骨折をしたこともありませんでした。

七歳離れた姉と二歳離れた姉たちも転倒の経験がありますが、やはり骨折をしたことがありません。私は一度も転倒してませんので、どうなるか分かりませんが。

何より、今日まで病に伏すこともなく、元気で過ごしてこられたのは、母から受け継いだ、丈夫な身体のお陰だと思っています。

このような内面のことは、外見では誰にも分からないことですが、母から受け継いだものの中で、誰にでも分かるものがあります。それは、老いても白髪にならずに、黒髪でいられることです。

母は八十歳になった頃から、ちらほらと白髪交じりの髪になっていました。上の姉は八十八歳になりましたが、母よりも恵まれて、黒髪のままで元気にしています。私は時々、白髪を見つけては、鬼の首を取った気分で抜いてはいますが、当分、黒髪でいられるかな、と思っています。


丈夫な身体と黒髪は、母からのプレゼントと思って過ごしてきましたが、老いへと歳を重ねるにつれて、母への感謝の念が一層、深く湧いてきています。

本当に有り難いことです。


母からのプレゼントが、もう一つあることを最近になって気付きました。それは、余り嬉しいものではありません。

とても厄介な笑い上戸なのですから。時として、本当に辛い時があります。

絶対に笑ってはいけない場面であっても、笑いが込み上げてくるのですから、堪えるのに一苦労します。笑い上戸の特徴かも知れませんが、本当は何がおかしいのか、その原因がはっきりしなかったり。ごく小さな笑いの種であっても、それを切っ掛けにして、笑い出したら止まらなくなります。

他人からは、「バカじゃない？」と見られるかも知れません。

ある日の太極拳の教室で困った笑いがありました。お稽古の当初から、些細なことで笑いが込み上げてきては、悲しいことを思い出して、堪えていました。それなのに、三年目に入って、気のゆるみからか、とうとう笑いが爆発してしまったのです。

その原因は取るに足りないものでした。ある方が、時間に遅れて入室した時のことでした。稽古中の静かな空気が、ちょっと乱れて、その方が、いつもの立ち位置に付くと同時に、近くに立つ私と目が合いました。笑顔で無言の挨拶を交わした、その時でした。何もおかしいことがないはずなのに、何故か私だけが静寂を破って、声を必死で堪えて笑ってしまったのです。

笑いながらの謝罪となりました。私の本性の一部がむき出しになった瞬間でもありました。

このような娘を産んだ母の晩年は、笑い上戸のために、孤食を余儀なくされました。

笑い上戸には、悲喜こもごもの物語が生まれるかのようです。

実家の昼食は、商売上、いつも家族と従業員が一緒に摂っています。離れで暮らす母も一緒でした。日中はひとり暮らし状態でしたから、大勢での食事を楽しみだったかも知れません。しかし、ある日、何が切っ掛けだったのか、笑いが止まらなくなってしまいました。

その笑いは、昼食の度に何日か続いて、食事がままならなくなってしまいました。見兼ねた家族は、やむなく、昼食を母の部屋へ運ぶことにしました。果して、母はどんな気持ちで孤食をしていたのでしょう。娘としては、ちょっと胸が痛むことでしたが、仕方がありませんでした。笑い上戸を治す薬は、どこにも売ってはいないのですから。

私の晩年はどうなるのでしょう。母のように笑いが止まらず、人前で困るようなことが起きるかも知れません。でも、仕方がありませんので、良い方に捉えて、怒って暮らすより良しとしようと思っています。

おわりに

人はそれぞれに、何らかの恐れている「もの」を胸に秘めて、生きているのではないでしょうか。

私が恐れているものは「後悔」です。その恐れを抱いたのは、若い時からのことでした。

多分、人生は一度っ切り、の思いが根底にあるのだと思います。折角この世に生まれてきたのに、やりたいことを実行しない人生は、何とつまらないことでしょう。

私はいつも、思いのままに楽しく生きていたい、との思いがあります。

今までに出版した四冊の拙書も、元を辿ると、後悔をしたくない、その一念でした。

特に四冊目の画集は、長年の夢でしたので、叶えてホッとしました。

そして、今回、五冊目に至った訳は、〝はじめに〟に記したとおりですが、他に単純な動機がありました。四の数で終るより、区切りのよい五の数で終りたい、との思いもありました。

多分、ネタ切れで、これが最後だと思います。でも、心は気まぐれ、思い立ったなら、また書いてしまうかも知れませんが。

ちょっとした切っ掛けがあると、言葉が自然と湧いてきます。

私には、深く考えて書くことは出来ませんし、苦手です。要するに、この書のように、有りのままなら書けるということです。

言葉選びは自由です。何処へでも飛んで行けます。その楽しさを、八十一歳にして改めて実感したところです。


果たして、この実体験の書が、皆様にお役に立てたでしょうか。お役に立てたなら、私が今日まで、元気に生きてきたことへの、意味を見出せた気がして、とても嬉しく思います。

それぞれが、生まれてきた意味を持って、この世に存在しているのだと思います。

お読み頂けました皆様には、どんな意味がおありでしょうか。

どうか、良い意味でありますように！

表紙（カバー）について

五冊目になる出版に当たり、今回も自分で描いた絵を使用したいと思いました。でも、はたと迷いました。何の花にしよう、と。しばらく迷っていると、目の前の食卓の小花が語りかけてくれました。

「文章の中に登場する私たちを描いたなら、より分かってくれるのでは……」と。私は頷き、すぐに描きだしました。表の絵は、玄関に活けた一輪挿しの花、一対として活けたものの片方を描きました。花はゼラニウム、葉はミントです。

裏表紙の絵は、食卓に活けた花、爪楊枝入れ二種を使って一対とし、花はゼラニウム、葉はパセリとドクダミです。

いずれも小さな盛花ですが、私にとっては、なくてはならない、あって当たり前の花たちです。ちょっとした安らぎを与えてくれる存在です。

［著者］坂井 靖子（さかい・せいこ）

1943 年　福島県出身　東京在住
著書　『偶然の不思議』（早稲田出版、2004 年）
　　　『出会い』（早稲田出版、2005 年）
　　　『癌・三度の手術・そして』（文芸書房、2013 年）
　　　『今日もルンルン穏やかに』（創英社 / 三省堂書店、2018 年）

老《お》いても健康《けんこう》であるために

発行日　2024 年 5 月 15 日　第 1 刷発行

著者　坂井《さかい》 靖子《せいこ》

発行者　田辺修三
発行所　東洋出版株式会社
〒 112-0014　東京都文京区関口 1-23-6
電話　03-5261-1004（代）
振替　00110-2-175030
http://www.toyo-shuppan.com/

印刷・製本　日本ハイコム株式会社

ISBN 978-4-8096-8700-6
定価はカバーに表示してあります

ISO14001 取得工場で印刷しました